小倉ゆき子

てづくりノート

手芸デザイン60年

工作舎

はじめに
小さな花の刺しゅうに始まる

何かを作っているとき、針を持って手を動かしているときはほとんど何も考えず、ただ幸せな時が流れます。

本書にあげた記録は、すべて出版社などからの依頼により新たにデザインし、かたちにした作品が印刷され、本や雑誌になって残すことができたものたちです。作り方も含めて、年代順に連ねてみました。

単に私の趣味や楽しみとしてだけではなく、「手芸」というくくりの中で相手（発注者）がいるデザイン仕事としての"てづくり"です。特に針を使う制作をつづけてきました。

世の移ろいや変化、私自身の環境の変化、手芸としての流行もありますから、取りあげられ方も変わります。材料を提供してくださる会社にも事情があり、そのことで私の制作に大きく影響することもありました。出版社も変化してきました。

レイジーデイジーステッチの4枚の花びらの小さな花の刺しゅうから始まった私の手芸デザイン。それらのフラグメント（断片）が次から次へと連なる、長い回想です。

Lazy daisy stitch
私の好きなこのレイジーデイジーステッチは、以前は「レジーデジーステッチ」や「レーゼーデージーステッチ」また「デージーステッチ」などと言われ、本によりさまざまですが、どれも同じです。台湾では「雛菊針法」、私はこの命名がぴったりだと思います。

2021年のコロナ禍のなか、毎日15分の刺しゅうをフェイスブックに投稿しつづけています。
この4枚の花びらの刺しゅうは7月31日から9月5日現在、1か月を過ぎてかなり花が増えました。
年を重ねても私の刺しゅうはあまり変わりがありません。次はどこへ刺すのかも、
何も決まっておりません。気まぐれ刺しゅうです。

もくじ

はじめに………002

制作に用いた手法一覧………006

1964−1979

64−65　私のしごと始め………010

66−68　学んだ大切なこと………012

69　　　楽しみの布………014

70　　　「BS」とはナニ?………016

71−72　Beautiful Swing………018

73　　　"変わった作品"を………020

74−75　展示・講習も人気………022

76　　　赤ちゃん服づくり………024

77　　　和・きもの生活………026

78　　　ヤングシリーズ………028

79　　　イラストに着せる………030

1980−1989

80　　　ハート&フェアリー………034

80　　　アップリケも楽しい………036

81　　　アメリカ発のキット………038

81　　　ネガ・ポジ刺しゅう………040

82　　　私の「野の花」………042

82　　　人形の服づくり………044

83　　　クレイジー刺しゅう………046

84　　　英国の62グループ………048

85　　　レースワークを発表………050

86　　　私のアラビアンナイト………052

87　　　テレビ番組に出演………054

88　　　友人ファニーさんと………056

89　　　フルールダムール………058

1990−1999

90　　　ダイ・ステッチワーク………062

91　　　"糸の花"が咲く………064

92　　　楽しすぎる思い出………066

92　　　後の「ステッチオン」………068

93　　　プロミスリング………070

93　　　「あの世への絆」………072

94　　　DMCの刺しゅう糸………074

94　　　刺しゅう用のリボン………076

95　　　絵本のように………078

95　　　新素材を検討………080

95　　　変わったものを………082

96　　　モネの庭のイメージ………084

96　　　NHKおしゃれ工房………086

97	スタンプワークとは……088
98	全国各地で講習……090
98	コレスポンダンス展……092
99	La premier pas……094

2000-2009

00	ギャルリ・イグレック……098
00	「ゆうゆう」取材……100
01	2冊の本を出版……102
01	「刺し子」のこと……104
01	毎日をきもので……106
02	基礎があればこそ……108
02	講座も連載も……110
02	月々のコラージュ……112
02	綿棒人形づくり……114
03	どれも私なりに……116
03	グループ2003……118
04	温故知新の手法……120
04	忙しい日々……122
05	自作の帯をしめて……124
05	多種多彩なリボン……126
06	ベルギーでの華やぎ……128
07	私のてづくり……130

07	基礎ステッチ100……132
08	てぬぐい浴衣……134
08	素敵な新手法……136
09	娘のリクエスト……138
09	雄鶏社とヒット作……140

2010-2020

10	TV・出版・通販……144
11	支援ハンカチーフ……146
12	リボンで作る花……148
13	フランスでの出版……150
14	イラスト刺しゅう……152
14	中国・北京へ……154
15	25番の刺しゅう糸……156
16	ホビーショーを卒業……158
17	新しい縁と出版……160
18	刺しゅうにも流行……162
19	ぞくぞくと出版……164
20	"あまびえ"刺しゅう……166

| あとがき……170 |
| 著者紹介……171 |

小倉ゆき子が制作に用いた手法

以前からある手法に加え、小倉ゆき子オリジナルの手法もいくつかあります。
手法説明はあくまでも、著者の使い方として記しています。(► 数字は代表的な作例ページ)

糸の刺しゅう　　　►156
S番、25番の刺しゅう糸を使って刺す。

ウール刺しゅう　　　►127
毛糸、刺しゅう用毛糸で刺す。

クロス・ステッチ　　　►040
クロス・ステッチ用生地にS番、25番刺しゅう
糸で。「×」で図案を作り刺しゅうする。

ニードルポイント刺しゅう　　　►082
キャンバス地に刺しゅう糸や毛糸で斜めに刺し
埋める。

ビーズ刺しゅう　　　►010
ビーズを25番の刺しゅう糸で刺す。

ビーズポイント刺しゅう　　　►121
キャンバス地に25番刺しゅう糸を使ってビーズ
を刺し埋める。

ビーズ＆クロス・ステッチ　　　►137
クロス・ステッチは糸で。ビーズはビーズ1粒
を通してハーフクロス・ステッチ。2つの組合
せでクロス・ステッチだけではない表現がで
きる。

ビーズ細工　　　►046
ビーズを糸や針金などに通して人形等を作る。

デュエット刺しゅう　　　►111
2つ孔の針を使って刺す刺しゅう。2色の糸や
刺しゅう糸と刺しゅう用リボンを2つ孔の針に
それぞれ通してステッチすると、この針ならで
はの表現ができる。

クレイジー刺しゅう　　　►046
図案も決めずにいきなり自由に刺したり、まと
めた糸を縫いとめたり、心のままに。

レッドワーク　　　►127
赤い刺しゅう糸のみでイラスト等を描いた図
案をほとんどアウトラインステッチでしっかり
刺す。

クローズド・ヘリンボーンの白い刺しゅう
　　　►126
白い刺しゅう糸のみ用いクローズド・ヘリン
ボーンステッチでアルファベットの図案などを
刺す。

リボン刺しゅう　　　►027
素材も幅もそれぞれに織られたリボンを用い、
それに合ったステッチで刺しゅうする。

リボンで作る花　　　►148
多角形の型紙を使うなど、手かげん等で多種
の花を作る。

リボンで作るアクセサリー　　　►116
リボンで作ることができるアクセサリー類、袋
小物すべて。

リボンアーティストリー　　　►085,117
MOKUBAにより名づけられた。リボン刺しゅ
う、リボンで作る花やアクセサリー、リボンのパッ
チワーク、リボンコラージュ等、またそれらを
組み合せて作ったものなど、すべてが含まれる。

リボンパッチワーク　　　►164
リボンを縫い合せ、組み合せ、接ぎ合せて大き
なものから小さなものまで、いろいろ作ること
ができる。

リボンコラージュ　　　►090
リボンで作る花やアクセサリー、袋ものなどを
作る折に出る端リボンを、彩りよく貼ったり、
縫い合せたり、縫い止めて作品にする。

スモッキング　　　►012
布に印をつけ、ひだを取りながら刺しゅうす
る。ベビー、子ども服に使うことが多い。

ぬいぐるみ、人形　　　►041
人形・動物いろいろ、綿を入れ立体に作る。

ダイ・ステッチワーク　　　►062
ダイ(染め)は布用染色ペンを使用。ステッチ

はダイ・ステッチワークのチェーンステッチを使用。カットワーク風からはじまり、アップリケ風、モラ風、パッチワーク風、和風など図案により、いろいろ応用できる。

線刺しゅう ►074
MOKUBAのパスマントリー（刺しゅう糸でできている）をほどきながら刺しゅうする。

レースワーク ►050
いろいろなレースの特色を見て切り取り、花や葉に見立て、組み合せて縫い止め、さらに糸やビーズ、リボンなどと組み合せて、さわやかな作品に仕上げる。

オーガンジーワーク ►067,112
絹のオーガンジーを主に、綿や化繊のオーガンジーも組み合せ、透けることで両面から楽しめる作品。縫い合せるのに使用する糸は「DMCのツビノ」が一番。

フルールダムール（糸の花） ►058
DMCがつけた名前。刺しゅう糸で作る花。切る、結ぶ、組合せで無限にできる。

プロミスリング ►070
刺しゅう糸で組むブレスレット。糸の組み方により、多様なできあがりが楽しめる。ビーズで作ることもできる。

リボンによるフリーレースモチーフ ►118
水で溶けるシートを使い、リボンをミシンで縫いとめ、レース状のモチーフに。端布でもできる。

ソーイング ►018
ミシンを使って着るものや袋もの等、生活に役立つものを作る。

編みもの ►030
カギ針、2本棒などでセーター、マフラー、小物などを糸や変り糸で編む。

レース編み ►020
カギ針でレース用糸を使ってレースを編む。

ニットステッチャーによるステッチ ►068
特殊な針を用いて楽しい作品づくりを。

パッチワーク ►021
布を接ぎ合せて大きいものから小さなものまで作ることができる。

切り嵌め ►026
和布で帯などを作るときに、地の目や角度に注意して縫い合せる。縫い代は両側に。

刺し子 ►104
木綿の布に木綿の糸で連続模様を並み縫いで刺す。模様は麻の葉、青海波、七宝接ぎな

ど、いろいろ。

和の細工物 ►161
昔ながらのてづくり、小さな袋ものなど、古布などを使って作る。

縫い物 ►135
てぬぐいでつくる小さなゆかたや小もの類。すべて手縫いで作る。

カルトナージュ ►047
箱を作り刺しゅうした布などを貼る。空き箱、空き缶に貼っても楽しい。

BSカード手芸 ►019
いろいろな形のカードを毛糸や変り糸で刺し埋め、さらにかがり合せてバッグなど立体に。

BSモチーフ ►016
モチーフもカードも同類、同じような使い方ができる。

BSネット刺しゅう ►018
BSカードなどと同じ素材の大きいネットを自由な大きさに切ることもでき、小さなバッグから大きな物入れまで、いろいろできる。

イメージワーク ►052
感じとったことや言葉などからイメージをふくら

ませて作品にする。

アップリケ　▶036
布の上に切りとった布を縫いとめて模様を表現する。

リバースアップリケ　▶116
図案により切りとった裏側に、別の布をあてて縫いとめる。

綿棒人形　▶114
綿棒を人の形に組み、刺しゅう糸を巻いたり、リボンなどで服やきものを着せる。洋風にも和風にもできる。

ミシン刺しゅう　▶092
手刺しゅうではなく、ミシンを使って刺しゅうする。

フローラルテープ刺しゅう　▶098
フローラルテープで図案をかたどり、リボンや糸の刺しゅうを加える。

スタンプワーク　▶088
べつの布それぞれに花びらや葉などを刺しゅうして作った布を、さらに組み合せて立体的にアップリケする。

ペーパークラフト（紙のクラフト）　▶078
紙を使って切ったり貼ったりしてカードや年賀状、モビールなどを作る。

チュール刺しゅう　▶136
チュールの上に糸で刺しゅうする。ニットステッチャー（ステッチオン）などを使って。

刺しゅうなんでもQ&Aの本に掲載　▶116
カットワーク、ドローイング、アジュール、ハーダンガー、ミラーワーク等は、作品というより参考作品。

シール手芸　▶048
特殊なシールを切り取りTシャツなどにアイロン接着する。

1964-1979

手芸デザインのお仕事がスタートしたのは
東京オリンピック開催の年。
それから15年のあいだに、
3人の子の出産・育児を同時進行しました。
にぎやかな日々だったに違いありません。

1964-65

私のしごと始め

主婦の友社の編集者からお手紙をいただきました。1962年主婦の友手芸展で佳作になった私の刺しゅうのブラウスが、本誌に紹介されたことを憶えていらしたとのこと。そして、他の作品も見たいとおっしゃるのです。私はあわてて作り、持参しました。するとすぐに依頼があり、私のお仕事が始まりました。『ビーズパールスパングル』という本に、5点が掲載されましたが、いま手もとにあるのは、右の写真の2点だけです。セーターに、ビーズとともにリボン刺しゅうをしています。後にたくさんのリボン刺しゅうを刺すことになるなんて……。

翌年も、あれこれとお仕事をいただきます。「主婦の友」11月号の手芸カードでは、透明ビーズによる刺しゅうのバッグを紹介。ビーズを通す刺しゅう糸で色の変化を出すという新手法が生まれました。

年·月	作品掲載（　）内は作品数	手法	出版社	出来事　●私事　■社会
1964 4月	『ビーズ パール スパングル』	ビーズ刺しゅう	主婦の友社	
	ブラウス、セーター	糸の刺しゅう		
	クッションとスリッパ	リボン刺しゅう		
9月	「主婦の友」9月号 ——秋、スタイルと刺しゅう——	ソーイング	主婦の友社	●長男誕生　■10月、東海道新幹線開通　■第18回オリンピック東京大会開催
	オーバーブラウス刺しゅう（2）	糸の刺しゅう		
	3〜4才、ジャンパースカート			
1965 1月	『赤ちゃん、幼児の刺しゅう・アップリケ』		主婦の友社	
	花の刺しゅうサンプラー	糸の刺しゅう		
	クロスステッチのサンプラー	クロスステッチ		
	刺しゅうのワンピース	ソーイング		
	図案（10ページ）			
2月	『刺しゅうブラウスと小物』		主婦の友社	
	ポケットつき手さげ	糸の刺しゅう		
	通学用の手さげ	クロスステッチ		
	額、花束と花かご			
8月	「主婦の友」8月号 ——夏を楽しむ手芸——		主婦の友社	
	リボン刺しゅうハンカチ入れ	リボン刺しゅう		
	タオルのなべつかみ			
	エプロンとキッチンチーフ	糸の刺しゅう		
	エプロン型びんカバー	アンダリヤ刺しゅう		
	テッシュペーパー入れと小物入れ			
11月	「主婦の友」11月号		主婦の友社	
	手芸カード：刺しゅうのバッグ	ビーズ刺しゅう		

透明ビーズを用いたビーズ刺しゅうのバッグです。「主婦の友手芸カード」より。

ビーズとともにリボン刺しゅうをしたセーターと糸の刺しゅうのブラウス。『ビーズ パール スパングル』に掲載された5作のうちの2作。57年前のてづくりです。

1966-68

[昭和41-43年]

学んだ大切なこと

1966年は忘れられない年。懸命に作り、撮影までした作品がボツになりました。このとき私は、手芸デザイナーとして大切なことを学んだような気がします。ひとりよがりではなく、読者にも楽しく作れますように、と。

仕上げた2作品のうちの1つは、50年以上たったいまも大きな針刺しの箱として、手元にあります。当時、刺しゅうの図案をアイロンで布に転写できる図案集『手芸プリント』が出版されていて、私にも図案の依頼がありました。スモッキングも流行していた頃です。お仕事を受けて、布のピケやコーデュロイの畝（うね）を活かす手法で子ども服や袋を作りました。出版社から返却されてくる作品は、娘たちがそのまま着ておりました。

BSモチーフの流行もこの頃から。提供された素材を手に、さあ何を作りましょう、と心が躍りました。

1966				■「ウルトラQ」TV放送開始 ■6月、ビートルズ来日公演 ●11月、長女誕生
1967 9月	『手芸プリント』 ──ベビーとこどもⅡ──		鎌倉書房	●世田谷区へ引越す ■美濃部都知事、誕生
	ベビーの小さな花	糸の刺しゅう		
1968 2月	「主婦の友」2月号		主婦の友社	■国民総生産(GNP)世界第2位へ
	帽子とポケット付きのバッグ	かぎ針編み		
3月	『別冊主婦の友』春号 ──春の赤ちゃん子ども服──	ソーイング 刺しゅう	主婦の友社	
	アップリケの座ぶとん	パッチワーク		
	スモッキングの手さげ	スモッキング		
	通園バッグ・ぞうり袋			
	防災ずきん・お弁当セット			
4月	『春夏の流行』 ──かぎ針レースとモチーフ手芸──		主婦の友社	■東名高速道路開業
	幼児のバッグ	BSモチーフ		
	アクセサリー入れ etc.	刺しゅう		
	「主婦の友」4月号 ──刺しゅういーぱいの子ども服──		主婦の友社	
	3～4才ブラウスとジャンパースカート	ソーイング		
	花の刺しゅうワンピース	糸の刺しゅう		
春	「ドレスメーキング・子供服」春号 ──幼児のための刺しゅうモチーフ──	糸の刺しゅう ソーイング	鎌倉書房	■6月、小笠原諸島がアメリカから返還
	ワンピース	スモッキング		
	食事エプロン			

子ども服用にデザインした小さな花の刺しゅうより。

上：スモッキング刺しゅうの子ども服
下：子どものための袋類。上ばき入れ
2つが私の作品です。

私といっしょに50年余、円い針刺しの
箱（直径18cm）として。

1969

[昭和44年]

楽しみの布

年初、明日が締切りという日のことでした。掲載用の作品を取りにいらした編集者が、あれこれと試し刺しをしていた私の練習用布を見つけ、借用書を置いて持ち帰られました。その夜、編集長からの電話で「明日の朝、編集者を伺わせますが、明後日までに刺していただきたい」と急な注文。その時に刺した作品は4月号付録の表紙となりました。

例の練習用の布は、その後「楽しみの布」として、この年の主婦の友手芸展で金賞を受賞しました。「この楽しい布を皆さんに見ていただきましょう」と、手芸展への応募を勧められました。次号の手芸展募集要項には「セミプロの方もどうぞ」との一文まで加えられていたことを憶えています。ずっと思い出に残る作品です。

月	作品	種類	出版	出来事
1月				■ 東大安田講堂事件
4月	『スモック刺繍』	ソーイング	主婦の友社	● マリスカ・カラス著、古沢美恵子訳『新しい刺繍芸術』（日本ヴォーグ社、1960）を古書店で入手以来、私にとってのバイブルとなる。
	幼児の服　ワンピース　つりスカート	スモッキング		
	人形用エプロン	ビーズ刺しゅう		
	バッグ			
	『かぎ針編みとプレゼント手芸』	刺しゅう	主婦の友社	
	にじ色のワーキング・バッグ	BS手芸		
	フェルトのベビーシューズ(2)			
	「主婦の友」4月号付録	糸の刺しゅう	主婦の友社	
	表紙　ハートと春の花の刺しゅう			
5月	別冊「主婦の友」	ソーイング	主婦の友社	■ 東名高速道路全線開通
	1〜3か月フリルの帽子	糸の刺しゅう		
	「刺繍と手芸」	糸の刺しゅう	主婦の友社	
	刺しゅうサンプラー(2)			
	『手芸の友』		グラフ社	
	スモッキング刺しゅうの手さげ(2)	スモッキング		
	黄緑・黄ピケ(手に竹)	刺しゅう		
6月	「主婦の友」6月号付録		主婦の友社	
	流行のサマーセーターと室内手芸	ソーイング		■ 7月、アポロ11号が人類初月面着陸
	化粧ケープ、花の刺しゅう	糸の刺しゅう		
8月	『新婦人百科事典』──自分でつくる楽しみ──	刺しゅう	主婦の友社	
	子供ブラウス、ジャンパースカート	ソーイング		
9月				● 主婦の友手芸展にて金賞受賞「楽しみの布」
11月	「主婦の友」11月号		主婦の友社	
	ミニ刺繍(4)	糸の刺しゅう		● 12月、次女誕生

右：日々の練習が刺し込まれて尽きません。まさに「楽しみの布」です。（部分）1969年「主婦の友手芸展」金賞。

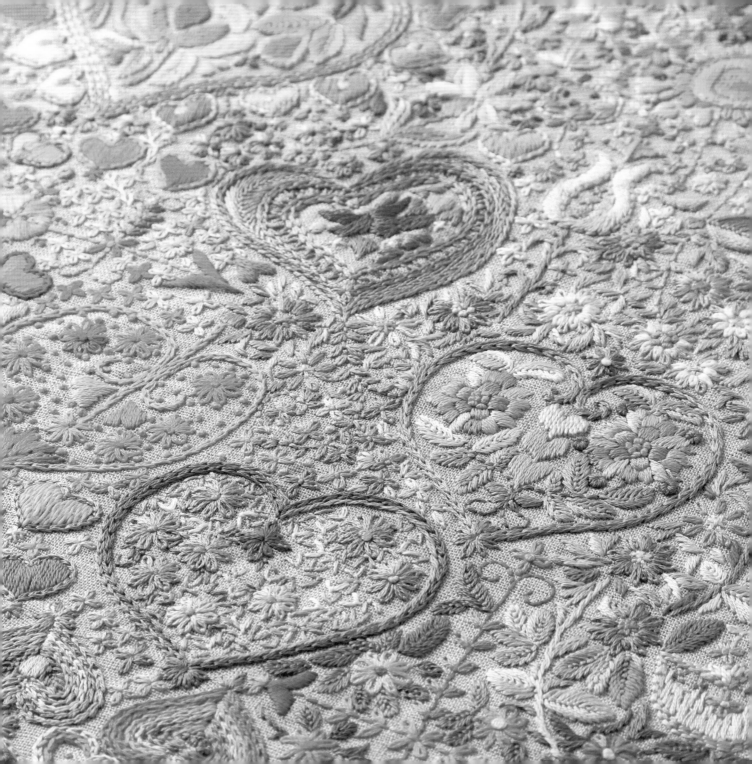

1970
[昭和45年]

「BS」とはナニ!?

『BSモチーフ手芸100種』『一日であめる小物入れとバッグ』『一日であめる室内小物』など、ハンドバッグに入る手芸書がつぎつぎ出版され、人気を集めていました。いまではBSカードもBSモチーフも、忘れ去られています。そもそも「BS」とは……？ 制作元である梶井綿業(株)にも当時のことを分かる人がいませんし、1988年には、すべて終了しているのだそうです。一時期は、あんなにも人気を博していたのに、と思うと切なくなります。

主婦の友実用シリーズ『インテリア手芸』では、ダイニングルームで使うトースターカバー、ランチョンマット、パンかご敷き、ガス釜カバーまで作りました。こうしたカバー類も、すっかり見かけなくなりました。テレビや電話機にもてづくりカバーが掛けられていましたのに。

1月	『BSモチーフ手芸100種』	BSカード 刺しゅう	主婦の友社	■初の国産人工衛星「おおすみ」打ち上げ
	『インテリア手芸』 ──ダイニングルーム──		主婦の友社	
	トースターカバー、ガス釜カバー、パンかご敷き、ランチョンマット	かぎ針編み 糸の刺しゅう		
3月	「主婦の友」3月号付録 ──もうすぐ新学期──	ソーイング アップリケ	主婦の友社	■よど号ハイジャック事件 ■3〜9月、日本万国博覧会(大阪万博)開催
	ウォールポケット おしゃれなおけいこバッグ	糸の刺しゅう		
5月	『一日であめる小物入れとバッグ』	かぎ針編み	主婦の友社	
	花のコンパクトケース	フェルトに 糸の刺しゅう		
	フェルトの小物入れ			
	『一日であめる室内小物』	かぎ針編み	主婦の友社	
	さわやかベンチクッション			
	花の壁かけ			
	『手芸の友』		グラフ社	
	スモッキングの手バッグ	スモッキング 刺しゅう		
	レースをあしらって 太いピケを横に使って			■8月、東京・銀座などで歩行者天国実施
10月	「主婦の友」10月号		主婦の友社	
	パッチワークの2〜3才エプロンドレス	パッチワーク		■11月、三島由紀夫と楯の会、自衛隊市ヶ谷駐屯地に乱入
	センターと小物	ソーイング		
	花の図案(8)	糸の刺しゅう		

やさしい刺繍で食卓をよりゆた　49 トースターカバー　　（作り方136ページ）　　　52 ガス釜カバー　（作り方138ページ）
かに、花とハートのモチーフでま　　（作り方135ページ）　51 パンかご敷き　　　　　　　　　　　デザイン49　52　小倉ゆき子
とめました。　　　　　　　　　　50 ペアのランチョンマット　（作り方137ページ）

ダイニングルーム

『インテリア手芸』（主婦の友社）で作
りました。ガス釜カバーなんて……。
トースターカバーはわが家で使いまし
た。

主婦の友社からは、このような小さ
な本（13.6×14.6cm）が出版されまし
た。私の作品も他の先生方の作品と
いっしょに掲載されています。変わりク
ッションやコンパクトくし入れ、そして
おしゃれなハンドバッグも。

1971-72

［昭和46－47年］

Beautiful Swing

BS手芸の人気は続き、私は『BS手芸バッグ＆インテリア』で、明るい色の子どものバッグや女の子のティータイムにと、テーブルでのアクセサリーをいろいろ作りました。中でもケーキのカバーが好評でした。

「主婦の友」本誌からは、ベビーや子ども服関連の依頼が増えました。以前、ほんの少しの間でしたが、私は子ども服のデザイナーとして会社勤めをしたことがあります。その経験から、ソーイングも刺しゅうも同じこと。花の刺しゅうのスペアカラーのよそゆきワンピースを楽しく作りました。

ところで「カジー BS（ビューティフル・スイング）手芸」が68年に雄鶏社から出版されていることから、BSとはBeautiful Swingの略のようです。

1971 3月	「主婦の友」3月号		主婦の友社	■多摩ニュータウン入居開始
	ワンポイント刺しゅう(5)	糸の刺しゅう		
4月	『BS手芸バッグ＆インテリア』——BSネットカードを使って——	BSネット刺しゅう	主婦の友社	
	『楽しい小物 幼児用バッグ』	かぎ針編み	主婦の友社	
	女の子のティータイム			
6月	「主婦の友」6月号		主婦の友社	
	お姫さまみたいな3〜4才ネグリジェ	ソーイング		
	寝冷えしない1〜2才パジャマ			
1972 6月	「アイai」6月号		主婦の友社	■2月、札幌オリンピック開催
	アイスクリームホワイトのテーブルセンター	レース編み		■2月、あさま山荘事件
				■5月、米国から沖縄返還
	ミニクッション(2)			
8月	「主婦の友」8月号——すてきな手作り手芸——		主婦の友社	
	スペアカラー	ソーイング		
	カラフルな花刺繍でよそゆきに——姉妹用	糸の刺しゅう		■9月、中国と国交を回復
10月	「主婦の友」10月号		主婦の友社	
	手作りマット：蝶々とてんとう虫	スキルマット		

花の刺しゅうのスペアカラーのよそゆきワンピース。
ソーイングもしました。

28・29 ゆきちゃんのお気に入り
28小倉ゆき子　29細谷愛子
28作り方56ページ　29作り方図版ページ

28

29

14

楽しい★小物

32

30

31

30〜32 女の子のティータイム
お友だちといっしょのティータイムは、かわいい
小物で演出しておしゃべりを楽しみましょう。
小倉ゆき子〜作り方57〜58ページ

15

BS手芸には、カード状のものと好みの
大きさに切って使うことができるネット
状のものがあり、私はどちらもそれぞ
れに楽しく作りました。

1973
[昭和48年]

"変わった作品"を

BSカードモチーフは梶井綿業（株）、ハマナカモチーフはハマナカ（株）。両社とも、特徴のあるモチーフや副資材を作ってこられました。使用する糸も「パールフラット、カジーイタリヤーン」と「ハマナカアンダリヤ、ハマナカイタリアン」など、少しずつ異なりました。掲載作品は、編みものの先生方が中心となって制作されました。

あるとき「主婦の友」編集長が「少し変わったものも必要なのよ」と、私にも機会をくださいました。

この頃、若い女性向け生活誌「アイ」が発刊、私は初めてミシンではぎ合せたパッチワークのベッドカバーを作りました。その後も「アイ」では、花のカラーレース編みやカギ針編みのヴェストなど、頼まれるままに、締切りめざして制作しました。

1月	『たのしい夏のインテリアとバッグ』		主婦の友社	■ベトナム和平協定調印
	ホップ・ステップ・ジャンプ：親子ペアのスリッパ	アンダリヤ刺しゅう		
	ストライプ・メロディ：キャンディ入れ	かぎ針編み		
3月	「アイ ai」3月号		主婦の友社	
	手芸カード：パッチワークのベッドカバー	ミシンのパッチワーク		
4月	「アイ ai」4月号		主婦の友社	
	手芸カード：花のカラーレース編み	レース編み		
	春の色を編み込んだ壁かけ			
7月	『主婦の友手芸シリーズ クッションと小物』		主婦の友社	
	蝶々とかぶと虫のミニ座ぶとん（学童用）	かぎ針編み		
8月	「アイ ai」8月号		主婦の友社	
	透かし模様のプチベスト（2）	かぎ針編み		■10月、第一次オイルショック

左：花のカラーレース編み。楽しく爽やかな春の色を編み込みました。
右：透かし模様のプチベスト2点は、かぎ針編みです。

ストライプのメロディー
29 蓋つきのポンポンかご（作り方24ページ）
30 トリオになったマガジンラック（作り方64ページ）
31 ふたごのキャンデー入れ（作り方64ページ）
32 クロス模様の小物入れ（作り方65ページ）
29 西村澄永 30植 泰子
31 小倉峰枝子 32 圓名橘泰子
29〜32 ハマナカアプリコヤ使用

蓋つきのポンポンかごやキャンディ入
れ、クロス模様の小物入れなど、いろ
いろな糸を用いてつくり、ストライプ柄
で統一しました。

若い女性向けの手芸誌「アイ」で、パ
ッチワークのベッドカバーを初めてミ
シンで作りました。

1974-75

[昭和49-50年]

展示・講習も人気

モチーフによる手芸も少しずつかたちを変えて『春夏のたのしい手芸』『ホームウェアとインテリア』など、ハマナカの作品集がつづきました。東京・赤坂プリンスホテルで、それらの作品に加え数々の商品の展示と講習が開催されると、多くの人たちで賑わいました。

ハマナカによると、素材はフラワーモチーフが何種類かで、いまもあるというので嬉しくなりました。そういえば、ハマナカさんの紹介で浅草橋にあるギャンティさんで材料を調達して、子どもたちが通う小学校のPTAのお母さん方に講習をしたことがありました。主婦の友『実用歳時記』ではお手玉を作ったり、実用シリーズ『家じゅうの愛情べんとう』では簡単に作れるおべんとう袋をいろいろ作りました。

1974 3月	『春夏のたのしい手芸』 ──バッグとホームインテリア──		主婦の友社	■フィリピンから元日本兵、小野田寛郎、帰国
	ママと子供のペアスリッパ			
	おやつの時間、今年も手作り：フードカバー、コースター、クッキーケース、ミニマット	かぎ針編み 刺しゅう		
春	別冊「主婦の友」 すてきな手づくり服	ソーイング	主婦の友社	■東京で「モナ・リザ展」開幕
	ゆりかごカバー	パッチワーク		
	ピロケースなど(11)	ぬいぐるみ		
夏	別冊『赤ちゃん子ども 涼しい手作り服』		主婦の友社	
	何でも入ってしまいそうな ビーチバッグ	ソーイング		
	レース編みかざりのビーチタオル	レース編み		
	波形テープをつけたビーチマット			
	厚手木綿のバッグ			
7月	主婦の友手芸シリーズ 『ホームウェアとインテリア』		主婦の友社	
	アクティブなストール	かぎ針編み		
1975 2月	主婦の友『実用歳時記』		主婦の友社	■5月、エリザベス女王夫妻来日
	お手玉とお手玉遊び	手ぬい		
	「アイai」2月号		主婦の友社	■5月、沖縄国際海洋博開催
	自分でつくるベッドカバー			
6月	実用シリーズ 『家じゅうの愛情べんとう』	ソーイング	主婦の友社	
	あり布や残り布で作れる簡単な おべんとう袋	アップリケ (糸の刺しゅう)		

見覚えある方もいるでしょう。当時このようなモチーフがたくさんありました。これは現在（2020年）の花のモチーフです。

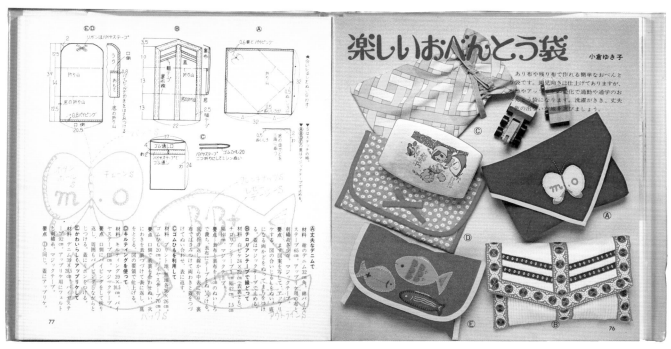

楽しいおべんとう袋

小倉ゆき子

あり布や残り布で作れる簡単なおべんとう袋です。園児向きに仕上げてありますが、布地やアップリケの変化で通勤や通学のお袋になります。洗濯がきき、丈夫で色の出ない布地を選びましょう。

77　76

すべて私の家族が使ったようで、どれも残っておりません。

お手玉を作って子どもと遊ぼう。

アクティブなストール

左：懐かしいお手玉を、作り方の図入りで掲載。
右：お花のストールとルームシューズ。ハマナカ提供の素材で作りました。

1976
[昭和51年]

赤ちゃん服づくり

あい変わらず赤ちゃんや子どものための依頼が、主婦の友社からつづきました。そんななか、なぜか週刊誌のお仕事が舞い込みました。それも週刊「微笑」から。渋谷にあった手芸の店・ルリを取材して、ルリさんから紹介されたのが私であったようです。あれこれと実物を作るわけではなく、「基礎手縫い術」の記事で私はただ、アイデア小物のイラストを描いただけでした。

主婦の友生活シリーズ『赤ちゃん服の編物全集』は、以前本誌で作ったもののなかから好評だったものを集め、まとめた本だということ。

私が作った「赤ちゃんの身のまわりを楽しく」のあれこれは、やさしいピンク色でまとめた一式です。これは義姉に頼まれ、知人のある方の出産祝いとしてプレゼントしました。

月	タイトル	種類	出版社	できごと
2月	「主婦の友」2月号	ソーイング	主婦の友社	■1月、日本初の五つ子が誕生
	夜にやさしさを運ぶベッド小物:ピロケース、衿カバー、ナイトキャップ、パジャマ入れ、枕など	ぬいぐるみ 糸の刺しゅう		■ロッキード事件
3月	『わたしの赤ちゃん』	ソーイング	主婦の友社	
	クロス刺繍のランチョンマット	アップリケ		
	刺繍のマットとナプキンセット	糸の刺しゅう		
	おけいこバッグ、上ばき入れ			
	体操着入れ、お弁当セット			
4月	「微笑」148号		祥伝社	■5月、植村直己、北極圏単独
	基礎手縫い術			犬ぞり横断
	アイデア小物 イラスト	イラスト		
夏	別冊「夏の赤ちゃん子供服と型紙」		主婦の友社	
	プリントデニムのリュックサック	ソーイング		
	デニムのパッチワーク ショルダーバッグ	パッチワーク		
9月	『わたしの赤ちゃん』		主婦の友社	
	淡いピンクのかわいいピロケース	ドロンワーク		
	衿カバー	糸の刺しゅう		
10月	『赤ちゃん服の編物全集』 ──赤ちゃんの身の回りを楽しく──		主婦の友社	
	ゆりかごカバー、ピロケース、おくるみ、ぬいぐるみ、ミトン、パッチワークのクッションなど	ソーイング 糸の刺しゅう ぬいぐるみなど		●ヨーロッパ旅行（12月28日出発、1977年1月8日帰国）
	赤ちゃん向きのかわいい刺繍（3）			関口さん、堀内さんを訪問

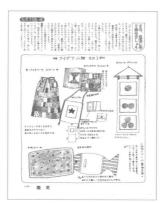

週刊「微笑」からの依頼は意外なできごと。左は私が描いたアイデア小物のイラストです。

0〜6

赤ちゃんの身の回りを楽しく

28, 29 愛らしいゆりかごカバーと
ピローケース
30 キルティングのおくるみ
31, 32 タオル地のぬいぐるみ2種
33 ガーゼのハンカチーフ
34 綿ジャージーのミトン

35 かぎ針あみの哺乳びんカバー
36 小物入れカバー
37, 38 パッチワークのクッション
2種 淡い色の小布を配色よく集めて作
りました。28〜38の作り方 202〜203
ページ デザイン 小倉ゆき子

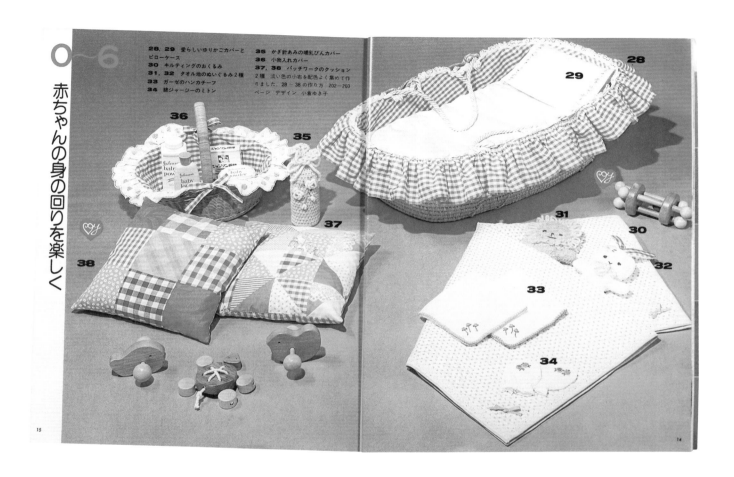

やさしくあたたかいピンク色でまとめ
た赤ちゃんのためのあれこれです。
出産祝いなどに、あなたのてづくりを
どうぞと楽しく作りました。

1977

[昭和52年]

和・きもの生活

心に残る年です。前年に突然、雄鶏社の編集の方からお電話をいただき「主婦の友社の専属ですか?」と聞かれました。「いいえ」と答えたことで、その後、雄鶏社が閉じられるまで長いお付き合いになりました。最初の掲載誌「手芸ブック たのしいレース編み」は、この年の1月に届きました。

そしてもう1つ、私のてづくりに大きく影響した手法が、それまでとはガラッと変わって、和、きものに関するあれこれです。

すでに私は毎日きもので生活していました。編集者からは当然のように、「主婦の友」付録・きもの全書にかなりの数の依頼がありました。いまも手もとに残るパッチワークの帯は、その後も多くの方々に興味を持っていただき、私が身に着ける帯はすべて、てづくりの"遊びの帯"になりました。

1月	「手芸ブック たのしいレース編み」		レース編み	雄鶏社
	ミニカーテン			
5月	『太い糸のレース編み』		レース編み	雄鶏社	■大学入試センター発足
	買いもの袋、ミニクッション(3)			
7月	「手芸ブック なつ刺しゅうとアップリケ」		糸の刺しゅう	雄鶏社
	クッションフェア(2)			
	心のメモリー小箱(1)			
11月	「主婦の友」11月号付録 ——きもの全書——			主婦の友社	■9月、日本赤軍が日航機をハイジャック
	ぜいたくな手芸のつけ帯(2)	手ぬい		
	和服裂地でつくる袋物:手さげ、セカンドバッグ、巾着、足袋入れ、懐紙入れ、コンパクト入れ、お手玉、舞い扇入れ、ミニ小物入れetc.	パッチワーク アップリケ		
12月	『やさしいインテリア小物 楽しいキッチン』			雄鶏社
	トースターカバーと小もののセット:なべつかみ、なべしき	かぎ針編み		
	『わたしの赤ちゃん』	パッチワーク		主婦の友社
	千代紙柄の手作り座布団(5)、クッション(5)	ソーイング		

和服裂地で作った小物入れなどと掲載誌「主婦の友」の付録——きもの全書——

右:切り嵌めの手法によるパッチワークのつけ帯。後年、リボンの仕事が多くなったとき、リボン刺しゅうを加えて講習会などの時に締めました。

1978

[昭和53年]

ヤングシリーズ

雄鶏社のヤングシリーズは、ソーイング、パッチワーク、アップリケ、刺しゅうなど、若い人に的をしぼった小型本シリーズです。編集部から作品を頼まれましたが、私のてづくりはすべて自己流、何とか素材と仲良くしてきただけのこと、ノウハウなどあってないようなものです。

主婦の友社からの『HOBBY CRAFT SERIES』の最初は、赤ちゃんの編物。表紙では実物にイラストを組み合せるため、デザイナーの指示で、私がイラストのアヒルがかぶる帽子とケープを編むことになりました。撮影用の土台となるアヒルのぬいぐるみも私が作るとのこと。楽しく制作に参加した斬新なイメージの表紙が話題になりました。この年、渋谷によりクリエイティブにと東急ハンズが現れ、手芸の店ルリさんのご紹介で私は初めて刺しゅうの教室を持つことになりました。

冬	『わたしの赤ちゃん』		主婦の友社
	赤ちゃん子供編物	かぎ針編み	
	刺繍、かぎ針編みポシェット	毛糸刺しゅう	
2月	「主婦の友」2月号付録		主婦の友社
	布とパッチワーク：ベッドカバー	パッチワーク	
	あみぐるみ	かぎ針編み	
	『子供のための刺しゅうアップリケ2』	あみぐるみ	雄鶏社
	花のうたサンプラー（2ページ）	糸の刺しゅう	
3月	「主婦の友」3月号付録		主婦の友社
	花の刺繍 通学のバッグ	スモッキング	
	ポシェットベルト付	かぎ針編み	
	ワッペン型ポシェット	糸の刺しゅう	
4月	『ONDORIヤングシリーズ手芸18』		雄鶏社
	パッチワーク：ベッドカバーとクッション（2）	パッチワークミシン	
	『刺しゅうの本』同時に英文版		雄鶏社
	花のテーブルセンター		
	花時計のクッション（3）	糸の刺しゅう	
	「手芸ブック はる」小さな図案のクロスステッチ	クロスステッチ	雄鶏社
	サンプラー（2ページ）、スリッパ		
6月	『ONDORIヤングシリーズ手芸19』		雄鶏社
	コットンの手作りウェア	ソーイング	
	チェックのスカート		
12月	『毛糸で編んだインテリア』	かぎ針編み	雄鶏社
	電話セット		
	「主婦の友」12月号		主婦の友社
	手作りこたつカバー	アップリケ	
	花の刺繍でアップリケ	糸の刺しゅう	
	『HOBBY CRAFT SERIES 赤ちゃんの編物』		主婦の友社
	表紙：あひるの帽子とケープ（土台としてのあひるのぬいぐるみ）	かぎ針編み	
	かわいい小物：帽子、ミトン、ポシェット		

● 小倉ゆき子刺繍作品展「ハートのバリエーション」2月3日〜15日／ギンザ三愛の西銀座店すみれギャラリー

■ 5月、成田空港開港

■ 8月、日中平和友好条約を締結

■ 9月、東京・渋谷に東急ハンズがオープン

若い人向けの小型本シリーズです。
簡単に作っていただけるように、さまざ
まな素材を用いてデザインしました。

主婦の友社からの新シリーズ
「HOBBY CRAFT SERIES」の表紙、
アヒルのケープと帽子を編みました。

1979
[昭和54年]

イラストに着せる

前年につづいて再び『HOBBY CRAFT SERIES』の表紙用の作品依頼を受けました。イラストはカンガルー親子。その親子の着るヴェストを、とのこと。本文中には、編物の先生によるカラフルヴェストが掲載されます。その編み込み模様のイメージで、と指示がありましたが、実物の1/8程に編むには模様を省略し、刺しゅう用の毛糸で、苦手な2本棒で編む必要があります。

その後は、徐々にイラストに寄り添わなくてもよい表紙になりました。同シリーズの「クッション＆リビング小物」には、「主婦の友」付録に掲載された布（別珍）とかぎ針編みのモチーフをパッチワークしたベッドカバーとあみぐるみを入れてくださいました。

雄鶏社のヤングシリーズはつぎつぎと出版され、私はつぎつぎと受注するようになりました。

月				
1月	『HOBBY CRAFT SERIES 直線あみ＆パピヨン』	あみ込み模様	主婦の友社	■第2次オイルショック
	表紙：カンガルー親子のベスト	2本棒メリヤス		■3月、スリーマイル島（米国）原発事故
冬	「ふたりの部屋 冬」創刊号		主婦の友社	
	花ふきんとなべつかみ	刺し子		
4月	『HOBBY CRAFT SERIES スクールバッグ＆ポシェット』	ソーイング パッチワーク アップリケ 糸の刺しゅう	主婦の友社	
	給食セット、袋いろいろ			
	『ONDORIヤングシリーズ手芸21 小さな刺しゅう』		雄鶏社	
	小さな刺しゅうサンプラー	糸の刺しゅう		
	「主婦の友」4月号 花、車、イニシアル実物図案	ソーイング アップリケ 糸の刺しゅう	主婦の友社	
	ランドセルの中の小さな袋物いろいろ			
5月	「主婦の友」5月号	ソーイング	主婦の友社	
	スモッキングの刺繍手さげ	スモッキング		
	「主婦の友」5月号付録	アップリケ	主婦の友社	
	大好きな人形と動物（3）ポシェット	ソーイング		
	『ONDORIヤングシリーズ手芸22 たのしいエプロン』		雄鶏社	
	ロマンティストのふた〜りにエプロン（2）	糸の刺しゅう		■6月、東京サミット開催
7月	『幼児のらくらく洋裁』	ソーイング 糸の刺しゅう	雄鶏社	
	ナイトガウン：3〜4才（2）			
9月	『ONDORIヤングシリーズ手芸23 やさしいアップリケ』	アップリケ 糸の刺しゅう	雄鶏社	
	花のサンプラー、定期入れ（3）			
10月	『ONDORIヤングシリーズ手芸24』	アップリケ	雄鶏社	■木曽御嶽山、有史以来初の噴火
	ブックカバー、ペンシルケース、お手玉	糸の刺しゅう		
	『HOBBY CRAFT SERIES クッション＆リビング小物』		主婦の友社	
	布と編地のパッチワークのベッドカバー	かぎ針編み		
	『布と糸の人気手芸セレクト100』 コップ入れ、食事エプロンなど	ソーイング	主婦の友社	
11月	『たのしいコットン手芸』 こたつかけ、座布団カバー	パッチワーク	雄鶏社	

左：「HOBBY CRAFT SERIES」
の表紙、イラストの動物のための編
み物がつづきます。カンガルーの親
子が着るベストは、本文中に掲載さ
れているものの1/8サイズです。
下：「HOBBY CRAFT SERIES」
本文に収録された、パッチワークの
ベッドカバーとあみぐるみです。

ベッドルームを楽しく ─────────────── クッションやマットもプラスして

39

40

39 ヘ チンとあみ地を、 チワークしたベッド
カバー あむのがたい へんだったら、へ チンを選
出にふやすなど自由に、合細極太に、'る。
40 ベ ドカバーのモチーフをポケッ トにしたベッ
ト、 デザイン 小倉ゆき子 あみ方10 72ページ

1964-79

まとめ

仕事と子育てに夢中の日々

初めて主婦の友社から手芸デザインの依頼を受けてから15年にもなりました。鎌倉書房、雄鶏社からもお仕事をいただくようになり、オリムパス製絲の『オリムパスししゅうデザイン集』にも……しかし、この本が何年の出版なのかははっきりしません。私の手もとにある①〜⑪のうち私の作品が掲載されているのは②、⑤、⑥、⑦、⑧、⑨、⑪です。これらのどこを探しても、発行年月日の記載がありません。オリムパス製絲本社にも問い合せをしましたが、残念ながら分かる人は、当然ながらすでにいらっしゃいません。オリムパスファミリークラブ会員誌「らぶりーなう」の発刊が1983年ですから、それ以前のことです。

このまとめを書くのに、あちこちの本を調べていたところ、1978年4月に出版された『刺しゅうの本』(雄鶏社)の裏表紙の内側(表Ⅲ)に、「オリムパスからステキな本の誕生です」と創刊号の案内を見つけました。1980年に主婦の友社から出版された『かわいいハートの刺繍』に、デザイン集②に私が作った2つのクッションが掲載されていることから、『オリムパスししゅうデザイン集』は1978年から83年までの間に出版されていることは確かです。この約15年の間、私は3人の子育てとともに、いただいたお仕事に夢中で取り組んでいたことになります。こうして送り出したたくさんの作品は、あえて返却をお願いしないものはみな出版社側が買い取ってくださいました。主婦の友ストアでは、掲載作品の販売コーナーがあったのを憶えています。

『オリムパスししゅうデザイン集』掲載の小倉ゆき子作品

②CUSHION VARIETIES(ししゅうのあるクッション):おやゆび姫、なかよし小鳥

⑤MY CREATION(おしゃれなししゅう):赤ちゃんに──プチフラワー、ラブリー、エンジェル、バンビーノ

⑥JOYFUL GIFT(手作りの贈り物):表紙(花のメルヘン、なかよし)、ワンポイントチャーミー(ブローチ)

⑦Welcome with Embroidery(おもてなしのししゅう):表紙(ゴージャスにメイローズ、テーブルクロス、ナフキン)

⑧Needle Paintings(糸で描く絵):パープルフラワー額、かわいい花額

⑨Vanitycase & Bags(小もの入れとバッグ):フラワーポエム(ポーチ)

⑪Table Linen & Pillow(ししゅうのある部屋):春がすみ(クッション)

1980-1989

デパートなどで「てづくりフェア」や
「てづくりバザール」が流行しはじめます。
海外からの影響を受けた私は、
仕事とはべつに自身の思いを自由に
表現するのが"楽しくて、楽しくて"という
頃です。

1980

[昭和55年]

"ハート&フェアリー"

『かわいいハートの刺繍』(主婦の友社)
が私にとって初めての単行本です。
いつの頃からか、私の作品にはハート
のモチーフがよく登場するようになり
ました。多種多様な手法であれこれと
取り組んできた中でも"ハート&フェア
リー"は、大切なモチーフでありつづ
けています。昔ながらのハート型です
が、さまざまなデザインに応用できま
す。『みんなの刺しゅう図案集』の表
紙にも、ハートを取り入れました。
同じく雄鶏社の『手づくりの絵本 刺
しゅうとアップリケ』から、私への発注
内容は少し変わってきて、このときは
「楽しいのりもの」とのことでした。
どんな注文にも楽しく応じましたが、月
刊誌である「主婦の友」と手芸誌の雄
鶏社の本、それぞれの締切りを意識す
るようになりました。

年・月	作品掲載（ ）内は作品数	手法	出版社	出来事 ●私事 ■社会
1月	『わたしの手づくりバッグ BagCollection4』		雄鶏社	●『かわいいハートの刺繍』小倉ゆき子作品集 糸の刺しゅう、アップリケ、刺し子、リボン刺しゅう、パッチワーク、モラ、クロスステッチ（主婦の友社）
	スモッキングの手さげバッグ	スモッキング		
		糸の刺しゅう		
2月	「主婦の友」2月号付録		主婦の友社	
	赤ちゃん、子どものニット	糸の刺しゅう		
	車、動物、トランプの図案	アップリケ		
3月	「主婦の友」3月号付録		主婦の友社	■「ルービックキューブ」ブーム
	かわいい給食セット	ソーイング		
	男の子用、女の子用	アップリケ		
	通園バッグの作り方（レッスン指導）			
4月	『子どものしあわせ』	作り方説明	草土文化	●「'80人気の手工芸」に出展 現代作家新作展4月1日～6日／銀座三越、主婦の友、フジテレビ
	さあ新学期手さげ袋をつくりましょう 道具入れ、スリッパ入れ、体操着入れ			
5月	『みんなの刺しゅう図案集』		雄鶏社	■モスクワオリンピックをボイコット
	表紙	糸の刺しゅう		
	サンプラー（5ページ）			
6月	『わたしのパッチワーク』		雄鶏社	
	テーブルセンター＆電話セット	パッチワーク		
	なべつかみ			
8月	『手づくりの絵本 刺しゅうとアップリケ』		雄鶏社	
	楽しいのりもの、図案と作品	糸の刺しゅう		
	お弁当袋とナプキン	アップリケ		
	『キラキラビーズ手芸204種』		主婦の友社	
	どこにつける？ブローチ（11）ワッペン（20）	ビーズ刺しゅう		

『みんなの刺しゅう図案集』（雄鶏社）の表紙で花をハートにしましたが、編集から「もっと強く」と言われてかなり刺し加えました。

小倉ゆき子初の単行本『かわいいハートの刺繍』（主婦の友社）古今東西だれにも愛されるハート型が、アイデアしだいでさまざまに変容し、それぞれの時や場をステキに彩ります。

『手づくり絵本 刺しゅうとアップリケ』（雄鶏社）から「楽しいのりもの、汽車や車ではないのりものを」ということでしたので、カイトやハンググライダーなどを。

親指姫と愛し合う小鳥

まず葉をハート形に刺して、花と葉は思いの向きにつけます。中心になるものに縁入れて盛り上げてポイントに……この手順であなたも考えてみませんか。　作り方44ページ

サリバンファミーテーブブリックのセット作品

42

お空に飛ぶものなぁ〜に？

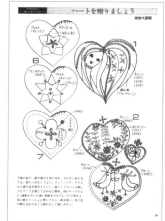

ハートを贈りましょう

C35

1980

アップリケも楽しい

東急ハンズの手芸教室で教えていた私は、1日教室で人気があったビーズ刺しゅうを楽しんでいました。

『キラキラビーズ手芸204種』が出版された8月には、主婦の友ギャラリーでビーズ刺しゅう作品展を開催しています。

一方、『ONDORIヤングシリーズ』からは、アップリケの依頼が多く、刺しゅうとは異なる楽しさを味わっていました。この本の表紙に採用されたお花のアップリケのウォールポケットは、なぜかいまも、わが家の台所の片すみに掛かっています。

出版社から素材提供があっての作品は、出版社がお買い上げというケースもありましたが、このウォールポケットが私の手もとに残ったということは、提供された布ではなかったのだと思います。

	ファンシーなウエア(3)		
	女の子と小鳥のミニ額(8)		
9月	『ONDORIヤングシリーズ手芸27 コットンアップリケ絵本』	アップリケ	雄鶏社
	少女、アルファベットと数字		
	シューズ袋と体操着入れ		
11月	「主婦の友」11月号		主婦の友社
	かわいいワンポイント刺しゅう(12)	毛糸の刺しゅう	
	『ONDORIヤングシリーズ手芸28 お花がいっぱい』		雄鶏社
	クッション(2)	アップリケ	
	ウォールポケット		
	『手ぬいキルト アップリケとパッチワーク』	パッチワーク	主婦の友社
	数遊びの壁掛け		
冬	『赤ちゃん 子ども服 クリスマスとお正月に全部てづくり』	ソーイング ビーズ刺しゅう	主婦の友社
	天使、フェアリー、星、鳥、ツリー	リボン刺しゅう	
	布と糸でつづる愛情アルバム	コラージュ	

● 小倉ゆき子「ビーズ刺繍」作品展 8月30日〜9月4日／主婦の友ギャラリー

■ イラン・イラク戦争始まる

『キラキラビーズ手芸204種』（主婦の友社）より。流行のワッペンをビーズ刺しゅうで作りました。

しっかりとミシンと手縫いで作られた
ウォールポケットは、その後40年ずっ
と現役の働きものです。
さすがにだいぶ色褪せはしましたが。

1981

[昭和56年]

アメリカ発のキット

いつもと違う依頼がありました。『糸でつづる暮らしの記録 アメリカ刺繍』（主婦の友社）という本の中にあった刺しかけのものがほしいと、編集長が思いを強くしたらしいのです。ちなみにこの本は、すべてアメリカで作られたものを掲載した日本語版であり、収録作品の材料はどれもキットになっていました。私は、初めて自分の刺しゅうとは異なる他の誰かがデザインしたキットを刺しました。刺しゅうの際に枠を使わない私ですが、このキットの刺しゅうは枠なしではなりたたず、何とか指示どおりに進めました。
『テープとレースでたのしく作ろう』では、木馬さんから提供された木綿のレースをピンク色に染めて使いました。

月	作品	技法	出版社	できごと
2月	「主婦の友」2月号	パッチワーク	主婦の友社	■英国チャールズ皇太子、ダイアナと結婚
	あき箱利用のかわいい針箱	細工		
春	『リトルモード』	ソーイング	主婦の友社	
	花刺繍とレースのエプロンドレス	糸の刺しゅう		
3月	『たのしい手づくり 袋ものバッグ』	ソーイング	雄鶏社	●宮様に献上 リボン刺しゅう宝石箱 ティッシュBOX
	刺し子の袋もの（手口付1）	刺し子		
	日本の文様手さげ(2)巾着(2)	糸の刺しゅう		●小倉ゆき子「ビーズ刺繍作品展」3月5日〜10日/主婦の友ギャラリー
	手さげと小物入れ			
	『糸でつづる暮らしの記録 アメリカ刺繍』	糸の刺しゅう	主婦の友社	■中国残留孤児が来日
	刺しゅうキットの途中作品			■神戸ポートピア'81開幕
	『かわいい刺しゅう サンプル300』	糸の刺しゅう	雄鶏社	
	花のサンプル(2ページ)			
	お空を飛ぶものなあ〜に(2ページ)			
4月	「微笑」4月250号		祥伝社	■スペースシャトル「コロンビア」初飛行
	パッチワーク＋アップリケ図鑑	パッチワーク		
	自分だけのファッション、贈り物、アクセサリー	糸の刺しゅう アップリケ		
	マスコットあれこれ			
5月	『テープとレースでたのしく作ろう』		雄鶏社	
	タオルハンガー、ドアノブ	ソーイング		
	ポプリケース、ドアプレート	糸の刺しゅう		
	ブックカバー、ペーパーストッカー			
6月	「ONDORIヤングシリーズ手芸29」	フェルト アップリケ	雄鶏社	
	お弁当入れカトラリーケース	糸の刺しゅう		

『テープとレースでたのしく作ろう』（雄鶏社）より。
ペーパーストッカーは、リボンメーカーの（株）木馬さん提供の木綿のレースをピンクに染めて作りました。

New I lay me down to sleep...

Hello world... It's me!!

Hello world... It's me!!

ぼくです、私です

56＝Bucilla 48562
57＝Bucilla 48563

56　おやすみなさい。ば（か初めておやす
みのあいさつをした日、ママはうれしくなっ
て作りました。　　　　　　作り方）ページ
57　世界の皆さん、こんにちは、私です！
楽しい1日は、こんなさわやかな言葉から。

46

ランプ・ポートベロー　ソーイングボックス・オカダヤ

自らのデザイン以外の刺しゅうに初チ
ャレンジ。
アメリカの本の日本語版『糸でつづる
暮らしの記録 アメリカ刺繍』（主婦の
友社）ではいつもは使わない枠を用い
ての刺しゅうとなりました。

1981

[昭和56年]

ネガ・ポジ刺しゅう

『クロス・ステッチサンプル300』という本で、初めてネガとポジの刺しゅうに取り組みました。いまなら図案もパソコンを用いて早く簡単にできてしまうのでしょうが、この頃の私は自分で考え、思い描くかたちにすることにワクワクし、時間をかけることを惜しみませんでした。人の"感覚には計算では迫れない"と信じた当時を思い出すたび、もう一度挑戦したくなります。

『リトルモード冬号』で作ったあれこれの中には、TVなどで目にするキャラクターのぬいぐるみもあったのですが、手もとには残っていません。ところが、クリスマスの人形だけはずっと身近におります。クリスマスでないときにも、ふと手にとって語りかけたくなります。

「元気よね」と。

6月	『クロス・ステッチサンプル300』		クロスステッチ	雄鶏社
	どこからか花だより ネガとポジサンプラー（2ページ）			
8月	『手づくり絵本 ビーズで作ろう』		ビーズ刺しゅう	主婦と生活社
	ビーズ刺しゅうをしませんか、サンプラー （2ページ）			
秋	『リトルモード秋』			主婦の友社	● 現代作家新作展、11月10日〜15日／銀座三越（主婦の友、フジテレビ）
	ベッチンをリュックサックに	ソーイング		
	フォーマルのヘアバンドとポシェット	ビーズ刺しゅう		
	星飾りのポシェット			
冬	『リトルモード冬 クリスマスプレゼント小物』		人形	主婦の友社
	アドベントカレンダー、リース		糸の刺しゅう	

初めてのネガ・ポジ刺しゅうです。『クロス・ステッチサンプル300』（雄鶏社）より。

アドベントカレンダーと2体のクリスマ
ス人形は、ずっと身近にいてくれるの
で、ときどき話しかけます。

1982
[昭和57年]

私の「野の花」

『美しいクロスステッチ』で、野の花のアルバムとスリッパを作りました。それから36年後の2018年にも「リボン刺しゅうで野の花を」と頼まれました。いま、その2つを見比べると、素材は異なっても野の花は野の花、どちらも私が刺したのですから、そっくりです。
『ワンポイント刺しゅう500』では「ハートで」と頼まれたことを憶えています。ブラウスや子ども服に刺しゅうする、つまりソーイングと刺しゅうの両方を頼まれることは少なくなっていましたが、代わって刺しゅうの図案などのモチーフをページ一面に刺したり、あるいはアップリケなどが増えてきました。婦人雑誌と手芸誌との違いも感じ始める頃です。

1月	『美しいクロスステッチ』	クロスステッチ	雄鶏社	
	野の花のアルバム			
	スリッパ			
春	別冊「主婦の友」		主婦の友社	
	ママのリトルブティック：着せ替え人形男の子・女の子	ソーイング		
	小さいぬいぐるみ(9)	ぬいぐるみ		
	ブローチ アクセサリー(10)	細工		
4月	『刺しゅうの本⑤花と風景のある刺しゅう』	クロスステッチ	雄鶏社	■五百円硬貨発行
	壁を飾る額(2)パネル(1)			
	花畑の手さげ袋			
	『ワンポイント刺しゅう500』	糸の刺しゅう	主婦と生活社	
	ハートがいっぱい			
	ロマンティックモチーフサンプラー(2ページ)			
5月	『わたしの刺しゅう図案集』	糸の刺しゅう	雄鶏社	
	花と子供 サンプラー			
	花と6種のサンプラー			■6月、東北新幹線開業
7月	『ラブリーなもめんの手芸 クラスメートへのプレゼント』	アップリケ	主婦の友社	
	ブックカバー、ペンシルケース、コインケース、ハンカチーフ(5)	糸の刺しゅう		
	『夏のジョキジョキ洋裁 2才からママまで』	ソーイング	主婦の友社	
	タオルで作る30分小物	アップリケ		
	キャンディポシェット			
	クッションあれこれ			
8月	『全部実物大でーす ミニミニアップリケ477種』		主婦と生活社	
	ハートとリボンサンプラー			

クロスステッチの野の花をアルバムの
表紙にしました。
『美しいクロスステッチ』（雄鶏社）よ
り。

『わたしの刺しゅう図案集』花と子ど
ものサンプラー

1982

[昭和57年]

人形の服づくり

主婦の友社からは、"赤ちゃん子ども"関連の依頼が長く続いていました。そんな中で、とりわけ楽しかったものがあります。

男の子と女の子の着せ替え人形です。ぬいぐるみの人形を作り、着せ替えができるようにブラウスやシャツ、スカート、ズボン、エプロンなどを人形用に小さく仕立てます。自分の子どもたちに作っていたのと同じ布を使って、とても楽しい作業でした。

出版社からその人形たちが戻って来ると、子どもたちが喜んで遊んでいたことを思い出します。同じく主婦の友社『子ども編み物小物』ではポシェットを作りましたが、返却後は子どもたちが……です。

夏	「リトルモード」夏号		主婦の友社	
	カラフルな楽しいタオルを使って	ソーイング		
	ぬいぐるみ(4)、日よけ(2)、食事エプロン	ぬいぐるみ		
10月	『一年中 赤ちゃん服と編物』	ソーイング	主婦の友社	
	男の子、女の子、着せ替え人形			
	ドレス、シャツ、ブラウス、ズボン、あれこれ			
	『子ども 編物 小物』	かぎ針編み	主婦の友社	
	小さな愛のプレゼント 花、動物、縞のポシェット			
12月	『プチレース編み 10グラムでできるやさしいレース編み』	かぎ針編み	ブティック社	■ マイケル・ジャクソン「スリラー」発売
	マスコットみたいなステキなおさいふ			■ 電電公社がテレホンカード発売
	『ミニミニカラー文庫 私の手づくり』	糸の刺しゅう	昭文社	
	ジャムポットカバー(2)			

主婦の友社から「ママのリトルブティック」という楽しい企画が舞い込みました。自分の子ども達用の服地を男女の小さな人形用につぎつぎ仕立てました。

同じく主婦の友社からの『子ども 編物 小物』の「小さな愛のプレゼント」コーナーは、手芸デザイナーたちによる愛のある作品が大集合。私は右上の3つのポシェットを作りました。

1983
[昭和58年]

クレイジー刺しゅう

「ここはにんじんありばだよ」と、2段ベッドで遊ぶ子どもの声からのひらめきを『刺しゅう図案の本』に表したり、子ども達と遊び、もっぱら手を動かしました。

「ドレスメーキング」2月号では手づくりクッション大集合のためのクッション2つに注ぎ込みました。これが「私のクレイジー刺しゅう」の始まりであって、現在の「私の気まぐれ刺しゅう」につながっています。

図案どおりではなく、針の向くまま絵筆を動かすように刺す私なりの方法を「ステッチの手順も気にしないで自由に、まず絵具をそろえる気分で好きな刺しゅう糸をたっぷりそろえましょう」と書いてくださった当時の編集者に感謝します。

「装飾デザイン」6号では、私のハート＆フェアリーを楽しく紹介してくださいました。

2月	『刺しゅう図案の本』	アップリケ	雄鶏社	
	うさぎともぐら	糸の刺しゅう		
	「ドレスメーキング」2月号		鎌倉書房	
	手づくりクッション大集合			
	クレイジー刺しゅうクッション(2)	糸のクレイジー刺しゅう		
3月	『手芸ブック カバー＆ケース』	ビーズ刺しゅう	雄鶏社	
	空缶利用のピルケース、カトラリーケース、アクセサリーケース			
4月	『刺しゅう物語 刺しゅうの本⑥』	クロスステッチ	雄鶏社	■東京ディズニーランド開園
	ティッシュケースカバー、バニティケース、ティッシュケース	糸の刺しゅう		
	「ドレスメーキング」4月号		鎌倉書房	
	ザックリ刺しゅうのショルダーバッグ	糸の刺しゅう		
	クロスステッチの小物入れ、ピンクの小物入れ、グレイの小物入れ	クロスステッチ		■5月、NHK連続テレビ小説「おしん」が最高視聴率62.9%
7月	「装飾デザイン」6号	糸の刺しゅう	学習研究社	
	ハートの妖精のメルヘン刺繍	リボンの刺しゅう		
	リボン刺しゅうの衣裳箱 ハートのトランプクッション	アップリケ カルトナージュ		
	『手芸ブック パッチワークハウス』	パッチワーク	雄鶏社	
	カントリータッチミニ額(3)	アップリケ		
	『主婦の友生活シリーズ 夏の赤ちゃん服と小物』	ソーイング	主婦の友社	
	お昼寝セット：ハート、スワン	ぬいぐるみ		
	フリルポシェット、男の子ポシェット	アップリケ		
	お弁当セット			
9月	『手づくり絵本ビーズ大好き』	ビーズ刺しゅう	雄鶏社	
	夢の世界、ビーズの人形	ビーズ細工		
	ミニ額ステンドグラス風			
	『ビーズ刺しゅう』	ビーズ刺しゅう	雄鶏社	
	可憐な花たち			
	テッシュケース			
11月	『セーター刺しゅう』	リボン刺しゅう	雄鶏社	■ファミコンブーム始まる
	花のリボン刺しゅうのカーディガン			

妖精たちの四季

春

夏

秋

冬

花の精のつどい

小倉ゆき子

ハートと妖精のメルヘン刺繍

ハートの森で
遊ぶ妖精たち。
それは魔法の扉を
自由に飛びまわる
妖精なのです。

123

「ハートと妖精のメルヘン刺繍」は雑誌「装飾デザイン」（学習研究社）に収録されたページです。箱はリボン刺しゅうのカルトナージュです。幻想的な雰囲気の撮影です。（青木ヶ原樹海）

クレイジーエンブロイダリー（crazy embroidery）は、手の向くまま、針の向くままに、絵筆を動かす気分で自由に刺し上げるというもの。こうした手法の存在に気づいた私が刺したクッション2つです。

1984
[昭和59年]

英国の62グループ

ハートのモチーフ関連の依頼は途切れませんでした。手法や素材が変われば、いくらでも作ることはできると思っていました。

そんな最中、イギリスのテキスタイルアート62グループの作品との心躍る出会いがありました。来日されたグループの会長ジュリア・カプララさんに、私の「楽しみの布」を見ていただく機会もありました。思いっきり楽しそうに見てくださった彼女の表情を忘れられません。

そのこと以前にマリスカ・カラス著『新しい刺繍芸術』（日本ヴォーグ社）に出合っていたことも、このときの感動を増幅したのでしょう。この幸せを作品にと、6か月後の個展「糸たちからのメッセージ」に込めました。注文を受けてのデザインとは別の世界が、自分のなかに広がっていました。

月	作品	手法	出版社	備考
2月	「ドレスメーキング」2月号		鎌倉書房	● 小倉ゆき子「メルヘン刺しゅう展」2月10日〜15日／東急本店6Fファム
	コーチングステッチのハート型クッション	糸の刺しゅう		
4月	『らぶりーなう』		オリムパス製絲	
	鈴蘭の香りテーブルセンター	糸の刺しゅう		
5月	『楽しい遊びがいっぱいのABC』		主婦と生活社	■ 宮崎駿監督・劇場版アニメ『風の谷のナウシカ』公開
	イニシァル520 ロマンチック・ハート(2ページ)	糸の刺しゅう		● 針と糸のコミュニケーションニードルワーク代表作家展「8人の手芸詩人たち」7月27日〜8月1日／東急本店
	『手作り小物百科』		主婦の友社	
	マスコットがネームがわりの通園用セット	アップリケ		
	うわばき入れ、コップ入れ、お弁当袋			
夏	「ジョキジョキ洋裁」夏号		主婦の友社	■ コアラブーム
	クリスタルなシール手芸	シール手芸		
	Tシャツ、ポシェット(2)			
8月	「主婦の友」8月号付録		主婦の友社	● メルヘン刺しゅう展搬出の折、数十点の作品を紛失
	かんたん夏休み手芸			
	ビーズ刺しゅう額	ビーズ刺しゅう		
	マリンルックワッペン(6)			
9月	『きらめきビーズ遊び』	アップリケ	主婦と生活社	
	メルヘンステンドグラス(7)	ビーズ刺しゅう		
	幸せハート占いブローチ(17)	ビーズ細工		
	プチバッグ(6)			
10月	『うちじゅうの手あみ ジョイフルニット』	かぎ針編み	主婦と生活社	● Contemporary British Textile Art by The 62 Group 会場：有楽町阪急デパート →京都
	子供用ワッペン、花のブローチ、リボンのブローチ	ビーズ刺しゅう		
	ベルト付ポーチ、ポシェット、レースのブローチ	アップリケ		
12月	「ドレスメーキング」12月号	糸の刺しゅう	鎌倉書房	● 小倉ゆき子にとって重要な時期、とても刺激を受け、次の活動へと続いた
	刺しゅうのクリスマスカード			
	ブラウスにラメの刺しゅう			
	刺しゅうのエプロン	糸の刺しゅう		

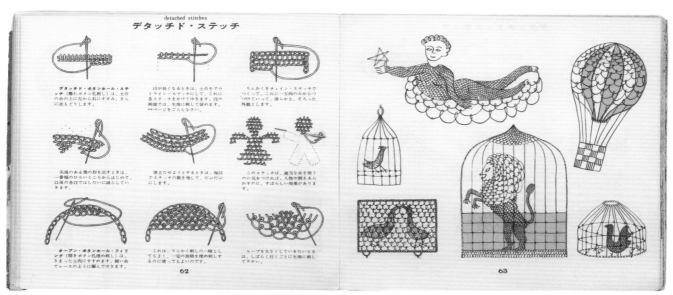

detached stitches

デタッチド・ステッチ

デタッチド・ボタンホール・ステッチ（離れボタン孔刺し）は、土台の糸の上に左から右にすすみ、さらに進もどりします。

段が長くなるときは、土台をアウトライン・ステッチにして、これに各ステッチをかけてゆきます。段の両端では、生地に刺して留めます。次ページをごらんなさい。

りんかくをチェイン・ステッチでつくって、これに一方向のみからつづけていって、滑らかな、そろった外観とします。

先端のある葉の形を出すときは、一番幅のひろいところからはじめて、以後の各段ではしだいに減らしてゆきます。

渡立たせるようとするときは、毎段でステッチの数を増して、だぶだぶにします。

このステッチは、適当な紙を使うのに気をつければ、人物の顔をあらわすのに、すばらしい効果があります。

オープン・ボタンホール・フィリング（開きボタン孔埋めの刺し）は、きまった一方向にすすみます。細い糸でレースのように編んでゆきます。

これは、りんかく刺しの一種としてもよく、一定の面積を埋めするのに使ってもよいのです。

ループを大きくしていきたいときは、しばらく行くごとに生地に刺して下さい。

62

63

Contemporary British Textile Art
by The 62 Group

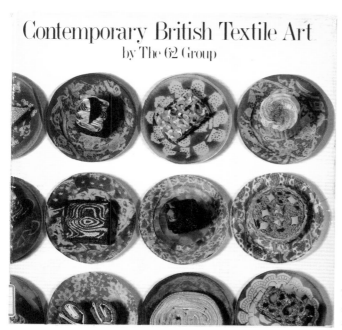

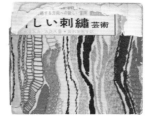

マリスカ・カラス著『新しい刺繍芸術』の表紙と本文ページ。日本ヴォーグ社から出版されたこの本は、なにもかもが斬新で心に強く響きました。

この年の10月、東京・有楽町阪急デパートで開催されたイギリスのテキスタイルアート62グループ展（Contemporary British Textile Art by The 62 Group）のカタログの表紙。グループの会長との交流も生まれました。

1985
[昭和60年]

レースワークを発表

イギリスのテキスタイルアートから影響を受けた私は、4月の個展、さらに高島屋での「ニードルワーク日本展」への参加を決めていました。

湧きでる思いを作品にと夢中でした。「糸たちからのメッセージ展」のことは、NHK TVの報道番組で取り上げられ、会場の千疋屋ギャラリーは多くの方々で賑わいました。昨年同時に、レースと刺しゅうを組み合せたレースワークを発表していたこと、またミユキさんのデリカビーズがたくさんそろってきた頃『ビーズ刺しゅう』（学研）のアイデア集も出版されて、私への発注アイテムにはレースワークが加わり、さらにビーズ刺しゅう展の開催もと広がってきました。

この頃から私は「お仕事としてのデザイン」と「個展用の作品」のそれぞれを自分なりに切り替えて作ることができるようになっていました。神様に感謝です。

月	タイトル	技法	出版社	備考
1月	『ベルママン'85家計簿』	糸の刺しゅう	学習研究社	■国際科学技術博覧会「つくば万博」開催
	表紙春夏秋冬			
2月	「ドレスメーキング」2月号		鎌倉書房	■男女雇用機会均等法
	幾何模様のクロスステッチクッション	クロスステッチ		
春	「私の部屋」早春号		婦人生活社	
	小倉ゆき子のアイデア刺しゅう教室			
	レースワークのミニ額	レースワーク		
4月	『わくわくアップリケ』	レースワーク	主婦と生活社	●私のイメージワーク 小倉ゆき子個展「糸たちからのメッセージ」4月15日〜20日、NHK TV 8：50 情報／千疋屋ギャラリー
	プチプチバッグ、ミニミニアート			
	ミニクッション、サンプラー（2ページ）			
	『刺繍専科 花のファンタジー』	糸の刺しゅう、レースワーク	学習研究社	
6月	『ジョキジョキ洋裁 夏の親子のかんたんルック』		主婦の友社	
	ぬいぐるみ人形	ぬいぐるみ		
	『らぶりーなう ホワイトレース物語』	レースワーク	オリムパス製絲	
	クッション、ミニ額（3）			
9月	『Knitあみもの クラフトギャラリー』	イメージワーク	日本ヴォーグ社	
	個展の作品から（3）			●ニードルワーク日本展 第1回 10月10日〜15日／日本橋高島屋（美智子さま御来展）
				●小倉ゆき子『ビーズ刺しゅう オリジナルな装いを演出するビーズアイデア集』（学習研究社）
				●小倉ゆき子「ビーズ刺しゅう展」11月1日〜6日／西武百貨店池袋店 8Fホビーハウスギャラリー
12月	『手芸ブック しまう、飾る、収納のアイデア』	ソーイング	雄鶏社	
	カトラリーケース	レースワーク		
	大切なおよばれ着入れ	糸の刺しゅう		
	『らぶりーなう』		オリムパス製絲	
	クリスマスの贈りもの	糸の刺しゅう		
	ハンカチーフ（3）			

小倉ゆき子『ビーズ刺しゅう オリジナ
ルな装いを演出するビーズアイデア集』
（学習研究社）より。
ビーズ刺しゅうのバラの花を散りばめ
たこのカーディガンは、本書の表紙に
も登場しています。
ビーズの提供はミユキビーズ。

『刺繍専科花のファンタジー』（学習
研究社）より。
前年に、レースと刺しゅうを組み合せ
た手法「レースワーク」を発表。またひ
とつ表現の幅が拡がります。

1986

[昭和61年]

私のアラビアンナイト

個展で私の自由な作風に触れてくだ
さったからでしょうか、いままでとは異
なる依頼が舞い込むようになりました。
『ホーム百科事典サヴォアール』で
は、冠婚葬祭と装いをテーマにそれぞ
れの扉にイメージ作品を、とのこと。身
近にあるレースやリボンを使って楽し
くコラージュしました。当時からコラー
ジュするのが面白く、"私のアラビアン
ナイト"がこの頃に始まりました。
「家庭画報」(世界文化社)では「タイの
器の藍手芸」が企画されました。タイ
から来た古くからの藍の染付の器に
よる"藍で楽しむ食事"がテーマです。
私はランチョンマットとテーブルクロス
をデザインしました。新しい手芸「ダ
イ・ステッチワーク」は、この年から始
まっています。

月	作品	技法	出版社
4月	『らぶりーなう 刺しゅうと染めのダイ・ステッチワーク』		オリムパス製絲
	ティッシュケースカバー	ダイ・ステッチワーク	
	化粧ケープ		
6月	『クレエの森 ニードルワーク』		日本ヴォーグ社
	ギャラリー、糸と布	イメージワーク	
	『ホーム百科事典 サヴォアール』		学習研究社
	中扉 結婚、行事、弔事、装い、お祝いごと	コラージュ	
7月	「家庭画報」藍で楽しむ食事		世界文化社
	唐草模様のランチョンマット	糸の刺しゅう	
	蓮の花のテーブルクロス	アップリケ	
8月	『らぶりーなう フラワーメモリー』		オリムパス製絲
	花のTシャツ	ダイ・ステッチワーク	
10月	『手作りの大好きバッグ』		主婦と生活社
	すてきなバッグたち	ダイ・ステッチワーク	
	シックなダイ・ステッチワーク		
12月	『一年中の赤ちゃん子ども服 ひとにぎりの糸のユーモア』		主婦の友社
	えんぴつとノートのポシェット	かぎ針編み	
	ロボットのポシェット	アップリケ	
	エンジェル&ポシェット	糸の刺しゅう	

● '86—新しい手芸—小倉ゆき子ダイ・ステッチワーク展 4月11日〜16日/東急本店 MATIERE、9月17日〜22日/浜松市ギャラリー汎
■チェルノブイリ原発事故

●私のイメージワーク第2回 小倉ゆき子個展、6月30日〜7月5日/千疋屋ギャラリー
■日本国内で繁殖に成功したジャイアントパンダの1例目、トントン誕生

●ニードルワーク日本展第2回、10月2日〜7日/日本橋高島屋→各地
●小倉ゆき子メルヘンビーズ刺繍展、10月28日〜11月2日/東急本店 MATIERE

「冠婚葬祭と装い」をテーマにしたイメージ作品のひとつ。
レースやリボンによるコラージュの楽しみが「私のアラビアンナイト」シリーズへとつながっていきます。

さまざまなステッチを用いて蓮の花のテーブルクロスを作りました。

1987
[昭和62年]

テレビ番組に出演

初めてのテレビ出演は、NHK教育テレビ「婦人百科」です。前年に声をかけてくださったときは、ダイ・ステッチワークに夢中だったこともあり、お断りしていました。再度のお誘いに、ビーズ刺しゅうのセーターに取り組み、当時プロセス用に同じセーターを6枚も用意しました。

ダイ・ステッチワークの初めての単行本は『ニュー刺繍』として出版されました。ホビーショーにも初参加し、刺しゅう糸を提供してくださったコスモのブースで発表しました。NHKのお昼のニュースの中の「手づくり礼賛」コーナーでも、ダイ・ステッチワークを主に出演しました。染めと刺しゅうを組み合せたダイ・ステッチワークが、徐々に知られていくようになりました。

月	タイトル	技法	備考
1月	「主婦の友」新年特大号		主婦の友社	●『小倉ゆき子のニュー刺繍』染め＆刺繍のあたらしい手芸ダイ・ステッチワーク作品集、カットワーク風(主婦の友社)
	洋風にも和風にも合う刺し子のお正月飾り	刺し子	
	壁かけ、敷物、うさぎ置物	細工	
3月	「主婦の友」3月号		主婦の友社	
	通園通学バッグと小物	ソーイング	
	ポケットがわりの小さな袋(4)	アップリケ	
	三角定規や工作用、文房具袋	糸の刺しゅう	
	男の子・女の子用それぞれ(5)		
春	『ウーマンブティック 春 あいであ刺しゅう』		講談社	●ホビーショー初参加 コスモブースにてダイ・ステッチワーク発表
	ダイ・ステッチワーク＋ビーズ	ダイ・ステッチワーク	
	Tシャツ(3)、ポーチ(1)、ポシェット(2)、クッション(1)		
	ランチョンマットとナプキン		
3月	「婦人百科」3月号		NHK出版	■4月、国鉄分割民営化。JR発足
	ビーズ刺しゅうをセーターに	ビーズ刺しゅう	
	葉っぱ模様のセーター		
	リボンと花のセーター TVアンコール'88.4月号		
7月	『クレエの森 ニードルワーク』		日本ヴォーグ社	●小倉ゆき子「ダイ・ステッチワーク展」、7月31日〜8月5日／大宮そごう7階ホビーロットギャラリー
	フリー刺しゅうアラビアンナイト	イメージワーク	
夏	『ウーマンブテック盛夏』		講談社	●'87新しい手芸「小倉ゆき子ダイ・ステッチワーク展」、9月30日〜10月6日／横浜高島屋ホビー18番街 NHK昼のニュースの中の「手づくり礼賛」TV出演、ダイ・ステッチワークほか
	涼しげなバラ ブラウス(2)クッション(3)	ダイ・ステッチワーク	

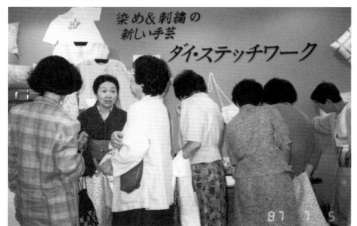

上：NHK TV「婦人百科」の台本これが初のTV出演となりました。

右：「婦人百科」3月号の「ビーズ刺しゅうをセーターに」より。

ホビーショーに初参加。コスモ刺しゅう糸のブースでの発表となりました。

『ニュー刺繍』（主婦の友社）ダイ・ステッチワークなんて誰も知らないからと、この書名に。

57　モデル・佐藤東知子、ヘア・梁天誠、スタイリスト・河面のりこ

56

● 3月11日放送

ビーズ刺しゅうをセーターに

小倉ゆき子
（カメラ・リウ・ヒセキ　つくり方写真・福田　旭）

ビーズやスパングルのさわやかスパイスをセーターに
クールミントやレモンシャーベット
そしてピーチソーダの香りが……

実物大図案付

リボンは右ページと同じに刺して、
花と葉の部分に、
ビーズの刺し方を少し変化させました。
花をもっとほしてもよいでしょう。

ビーズのアウトライン・ステッチを覚えると
いろいろに応用ができます。
図案の輪郭をビーズで、
面をスパングルで刺しました。

参考：

1988

[昭和63年]

友人ファニーさんと

ホビーショーにクリエーターブースが設けられ、私は日本ホビー協会の個人会員になりました。

春にはニードルワークフランス展（銀座松坂屋）が開催され、来日した造形美術家のファニー・ヴィオレさんと親しくなりました。その後もずっと大切な友人のファニーさんと私は、2001年に往復書簡を紹介した『てがみアート』（工作舎）を出版します。

秋には、フランス現代テキスタイルアート展（伊勢丹美術館）が開催。ファニー作品を見ることができました。その後、私はロンドンとパリの旅へ。ロンドンでは62グループのカプララさんに会いたかったのですが叶わず、パリに向かいファニーさんと再会。用意してきた"刺しゅう糸の花"を持ってDMC本社を訪問。このときのことが、翌年の"糸の花フルールダムール"へとつづきます。

4月	『刺し子の本』		刺し子	雄鶏社（英文版も）
	風呂敷			
	リビングを飾るタペストリー			
	「ドレスメーキング」4月号			鎌倉書房
	ダイ・ステッチワークで春の花を描く		ダイ・ステッチワーク	
	クッション、ポーチ			
8月	『ミセスのスタイルブック』			文化出版局
	ホビーギャラリー ダイ・ステッチワークのブラウス、クッション		ダイ・ステッチワーク	

ART TEXTILE CONTEMPORAIN FRANCAIS

フランス現代テキスタイルアート展

秋の「フランス現代テキスタイルアート展」カタログ。ファニー・ヴィオレさんの作品を見ました。

- 第3回ニードルワークの日本展1月21日〜26日、テーマ：私のシルクロード／日本橋高島屋
- 私のイメージワーク第3回小倉ゆき子個展、1月25日〜30日／千疋屋ギャラリー
- 3月、青函トンネル、瀬戸大橋が開通
- 3月、東京ドーム完成
- ホビーショークリエーターブース、ダイ・ステッチワーク
- ニードルワークフランス展4月14日〜19日／銀座松坂屋にて、Fanny Violletと出会う
- 小倉ゆき子作品展「レースと糸で遊ぶニードルワーク」4月27日〜5月3日／日本橋高島屋7階ギャラリー遊工房 同じく6月2日〜7日／大宮そごう7階ホビロットギャラリー
- 小倉ゆき子「ダイ・ステッチワークの会作品展」8月22日〜27日／兎小舎
- 「フランス現代テキスタイルアート展」10月6日〜18日／伊勢丹美術館 同年にフランスのニードルワーク、テキスタイルアートがやって来る。いずれにもファニー作品がある。
- 日本の美術展に出品／パリ、パレ・デ・コングレ
- DMC訪問、糸の花（フルールダムール）
- Fannyと再会 10月28日〜11月4日／ロンドン、パリ

春の明るい野に咲くさくら草を
クッションに仕立ててお部屋に持ち込みました
もっと凝りたければ、花や葉をぬり絵のように染めてもよし
刺しゅうの色を思い切ってカラフルにしてもよし
でも、首の長いさくら草、ピンクのさくら草は日本のイメージ
だから、上品に、大人の配色でまとめたいと思ったのです
クッションやもっと大きな作品では
刺しゅう糸6本どりの強いステッチで描いてもおもしろそうです
図案はもっと力強い、ひまわりのような花にして……

染色用クロスマーカー提供　原光化学工業㈱
アクセサリー／ネックレス　ユキ・トリイ
　　　　　　　ブローチ　アヴァンティ
　　　　時計のブローチ　エクセル
指輪　キボ・ハナオカ

73

72

小鳥のさえずりのように明るくはずむ色に染めて
好きな色で好きなところを刺しました
カットワーク風から一歩抜け出して……
え、ぬり絵風？
そう、そのつもりでやるのが基本です
どこを染めてどこを残すか
どの線をどんな色のどんなステッチで刺すか
みんなあなたが決めるのです
ブラウスの胸にいかしてはどうでしょう

プレゼントのお知らせ

「ドレスメーキング」4月号より。「ダイ・
ステッチワークで春の花を描く」と紹
介文を添えてくださいました。

春に東京・銀座で開催された「ニード
ルワークフランス展」のカタログです。

C57

1989

[昭和64年・平成元年]

フルールダムール

千疋屋ギャラリーでの個展も4回目。1986年6月30日から89年3月26日まで、毎日15分から30分のニードルワーク日記を「1001夜私のアラビアンナイト」と題してつづけ、多くの反響をいただきました。

ダイ・ステッチワークもつづいていますが、この年のホビーショーの展示には、DMCが名づけた、刺しゅう糸の花「フルールダムール」が加わりました。刺しゅう糸を刺すのではなく、一束の糸をそのまま使って作る糸の花のこと。切る、結ぶ、組み合わせて作る花のかたちは無限大です。ホビーショーのDMCブースでは、3日間で490人を超える人たちが、糸の花のブローチを作る体験をしました。つづく名古屋、大阪の会場でも好評を得て、ぜひ本の出版をと嬉しいお話もいただきました。

1月				■昭和天皇が崩御し天皇・明仁即位、元号・平成となる
3月				●DMC訪問、糸の花（フルールダムール） ●Fannyと再会
4月				●'89現代日本美術手芸300人展に参加 4月19日〜25日／新宿NSビル1F大時計広場
5月	『小さなカーテン』		雄鶏社	●私のイメージワーク 第4回小倉ゆき子個展「ア・ラ・ビ・ア・ン・ナ・イ・ト」5月8日〜18日／1986.6.30〜1989.3.26「ニードルワーク日記」／千疋屋ギャラリー
	シックなモノトーンカーテン、クッション	ダイ・ステッチワーク		
6月	「主婦と生活」6月号付録		主婦と生活社	■中国、天安門事件 ●小倉ゆき子とダイ・ステッチワークの会 作品展6月10日〜15日／大宮そごう7階ホビロットギャラリー
	カットワーク風に見える作り方	ダイ・ステッチワーク		
	ミニクッション4			
8月	「amuアウム」	イメージワーク	日本手芸普及協会	●'89ダイ・ステッチワークの会、作品展8月22日〜26日／兎小舎
	小倉ゆき子のニードルワーク日記	コラージュ	日本ヴォーグ社	
	「千一夜物語」より(6)		取材	
10月	「主婦と生活」10月号	ダイ・ステッチワーク	主婦と生活社	■11月、ベルリンの壁崩壊 ●ホビーショーDMCブースフルールダムール、糸の花クリエーターブース、ダイ・ステッチワーク
	イニシアル刺しゅうのブックカバー(3)	糸の刺しゅう		

ダイ・ステッチワークによるミニクッションが「主婦と生活」の付録で紹介されました。

DMCは、1746年にフランスのアルザス地方で創業したという刺しゅう糸やレース糸の伝統あるメーカーです。そのDMCの刺しゅう糸で作る糸の花がホビーショーでは大好評。写真は、後に私が作ったキットのちらしと糸の花です。

まとめ

**めまぐるしくも、こころ踊らせて
時代の潮流に乗り合わせてきました。**

80年代に入って、その前の10年、いえ15年とはすべてが驚くほど変わってきたと感じていました。

それまでは、赤ちゃんや子ども服などの既製品を簡単に買うことはできず、子どもの成長に合わせて縫ったり編んだりが、主婦と言われるお母さんたちの家事の一つでした。婦人誌には、作り方や型紙がしっかり掲載されていました。こうした手づくりに関係する依頼が私のもとにも多く寄せられ、お仕事になっていました。

70年代後半からは、アメリカからのパッチワークが流行しました。イギリスからの新しいニードルワークを目にする機会も増えました。特に1984年のイギリスのテキスタイルアート62グルー

プ展には、私だけでなく多くの方々が感動されたことと思います。さらに88年には、ニードルワークフランス展、フランス現代テキスタイルアート展があって、つぎつぎと斬新な出会いがありました。私にもいろいろな手法での発注が相次ぎました。いま思えば、さらに目まぐるしく変化する90年代への助走であったのではないかと思います。

80年代、私は無理なく時代の潮流に身を任せることができました。婦人雑誌はつぎつぎと新しい女性誌へと生まれ変わっていきました。私もいままでにない手法を考案し、「変わり身が早い」などと言われたりしましたが、その一方で、自分なりに培ってきた方法によるてづくりに熱中してもいました。とにかく、こころ踊る日々であったことに間違いありません。

1990-1999

いくつかの変わった仕事を同時にこなさなけ
ればならない時期が続きます。
出版物に加えて個展、作品展、ファニーさん
との二人展、新しい手法の開発……。後半は
リボンの世界へと広がります。

1990
[平成2年]

ダイ・ステッチワーク

私が名づけた手法です。写真は、染色ペンで染めた布のまわりをダイ・ステッチワークのチェーンステッチで刺したものです。

最初は『ニュー刺繍』（主婦の友社）として出版され、私は、カットワーク風・モラ風・アップリケ風、さらにパッチワーク風など、いろいろできますと懸命に説明しました。編集長は「それでは読者に伝わりにくいのでカットワーク風だけにしましょう」と。そのとおりで、まずはカットワークのように見える手法として、すっきり爽やかな本に仕上がりました。版を重ね、手芸誌などからつぎつぎとオファーが入り『ダイ・ステッチワーク作品集』（ブティック社）、『ダイ・ステッチワークの本』（主婦と生活社）へ、さらにこの年『フルールダムール刺しゅう糸の花手芸』（主婦と生活社）も出版されました。

年・月	作品掲載（ ）内は作品数	手法	出版社	出来事 ●私事 ■社会
2月	『amuアムウ』	レースワーク	日本手芸普及協会	● 全米ホビーショーとアメリカ社会のホビーの未来を探るツアー参加、1月24日〜2月2日 ■ ローリングストーンズ初来日
	レースと刺しゅうでブラウス・セーター	ダイ・ステッチワーク	日本ヴォーグ社	
	巾着(3)、ポーチ(1)			
6月	「主婦と生活」6月号付録	ダイ・ステッチワーク	主婦と生活社	● 第4回ニードルワーク日本展 3月15日〜20日 テーマ：江戸、東京400年／日本橋高島屋 その後、名古屋、京都、福岡、広島へ ● 小倉ゆき子『染めと刺しゅうの組み合せダイ・ステッチワーク作品集』カットワーク風、モラ風、アップリケ風（ブティック社）
	かんたんオリジナル人気手芸集			
	カットワーク風のテーブルクロス			
	「サマンサ」夏編	ダイ・ステッチワーク	文化出版局	
	染めと刺繍のカットワーク風手芸			
	Tシャツにバラ、大柄の花			
	ポシェット(2)、クッション(2)			
夏	『handspalハンズパルNo.4』	フルールダムール	サン・プランニング	● 染めと刺しゅうの組み合せ『ダイ・ステッチワーク』の本 カットワーク風、モラ風（主婦と生活社）
	夏の手づくりアイデア			
	刺しゅう糸の花フルールダムール			
10月	『しゃるむ』	ダイ・ステッチワーク	主婦と生活社	
	染めと刺繍を組み合せた新しい手芸			
	アラビアンナイトのクッション			
秋	「私の部屋」秋号	ダイ・ステッチワーク	婦人生活社	■ 10月、東西ドイツ統一 ■ 11月、即位の礼正殿の儀
	エスニック回帰			
	モラ模様の小袋 巾着(3)、ポーチ(3)			
冬	「私の部屋」冬号		婦人生活社	● 小倉ゆき子『フルールダムール 刺しゅう糸の花手芸』切る結ぶ、刺しゅう糸の花手芸、刺しゅう糸でつくる花（主婦と生活社）
	刺しゅう糸の花、切る、結ぶ	糸の刺しゅう		
	糸の花、ブーケ	アップリケ		
12月	『主婦の友生活シリーズ きものレッスン』	半衿のつけ方	主婦の友社	● ホビーショー ダイ・ステッチワーク、フルールダムール
	私と半衿、コメント			

同じ絵柄の拡大縮小による麻のポシェットとパステルカラーのクッション。「サマンサ」夏編（文化出版局）より。

上：どこか異国風のデザイン。
名付けて「アラビアンナイトのクッション」「しゃるむ」（主婦と生活社）より。
左上：小倉ゆき子『ダイ・ステッチワーク作品集』（ブティック社）
右上：小倉ゆき子『ダイ・ステッチワーク』（主婦と生活社）

『ダイ・ステッチワーク作品集』より。新しくモラ風も加わりました。染める色とまわりのステッチの糸の色の組合せでアップリケ風にもモラ風にも。

1991

"糸の花"が咲く

「近頃は刺しゅう糸があまり売れません、何か他の使い道を」とメーカーさんに言われ、糸でお花を造りました。残り毛糸で作った小さなブーケのブローチを思い出したのです。今度は糸ひと束単位でしっかり作るため、造花のパーツとして売られているペップ（花芯）や葉を組み合わせました。ところが、ボツに。花だけでなく、葉や茎もすべて糸で作ってほしかったという理由です。「でも、このアイデアはいいのでもったいない、何かのかたちにしておいて」という言葉で、私は次に進むことができました。

手芸誌にも取りあげられ、DMCの刺しゅう糸でフルールダムールとなった"糸の花"は、90年に出版へ。ダイ・ステッチワークとフルールダムールは、ビデオも制作され、作品展の会場で見ていただくことで少しずつ広がっていきます。

時期	媒体・内容	技法	発行	イベント
2月	『amu アムウ』 刺しゅう糸で作る愛の花 ブーケ、コサージュなど	フルールダムール	日本手芸普及協会 日本ヴォーグ社	●小倉ゆき子 フルールダムール作品展 1月31日〜2月14日、フルールダムール出版記念/Printemps Ginza ●ハートコレクション 小倉ゆき子個展 2月4日〜9日/千疋屋ギャラリー
早春	「私の部屋」早春号 創刊20周年記念 手づくり新発明フルールダムールブーケ	フルールダムール 糸の刺しゅう	婦人生活社	
春	「handspal ハンズパル」No.6 Vネックセーター セーター、カーディガン	リボン刺しゅう	サン・プランニング	●小倉ゆき子 フルールダムール作品展 ダイ・ステッチワーク、フルールダムール出版記念/浜松ギャラリー汎
5月	「PATCHWARKQuilt」No.42 パッチワークキルト通信 トレッサー周りの小物入れ(2)、ティッシュ入れ(2)	ダイ・ステッチワーク	パッチワーク通信	●小倉ゆき子 フルールダムール作品展 5月23日〜28日/花もめん千代田橋店 ■6月、雲仙普賢岳大火砕流発生 ●小倉ゆき子 ダイ・ステッチワークの会作品展 6月14日〜17日/花もめん自由が丘店 ●小倉ゆき子 オーガンジーワーク作品展 7月25日〜30日/日本橋高島屋7階ギャラリー遊工房 ●ホビーショー ダイ・ステッチワーク、フルールダムール ●名古屋手芸フェスティバル 9月14・15日、フルールダムール ■育児介護休業法施行規則

上：前年末に出版された『フルールダ
ムール』（主婦と生活社）刺しゅう糸
の花手芸の作例と作り方を分かりや
すく解説しています。
下：『amu アムウ』にも掲載されました。

DMC informationの表紙と本誌で紹
介された日本でのフルールダムールに
ついての記事。なぜかこのとき、著者
名はマダム・ゆき子。左ページにはウ
ェディングの白いブーケが掲載されま
した。

1992

[平成4年]

楽しすぎる思い出

88年、来日したフランスのファニー・ヴィオレさんと出会い、その後はお手紙のやり取りが続きました。2人には言葉よりも表現できる手があると、互いの作品をおたよりとすることで、より親しくなれました。この出会いからすでに4年が経ち、次の年の2人展を開催のために私はフランスへ。パリからDMCがあるミリューズへ向かう高速鉄道TGVで、ファニーさんと糸の花フルールダムールを作ったことは、楽しすぎる思い出です。

そしてこの年の夏には、DMCの副社長が来日し、MOKUBA本社の訪問に私が同行すると、これが木馬さんとのお仕事のきっかけになりました。

この年、オーガンジーワークの依頼もありました。そのうちのひとつが「ニッティングライフ」からの花のフレームでした。

2月				● 小倉ゆき子個展「小さき鳥たちと……」 2月17日〜22日／千疋屋ギャラリー
4月	『ニッティングライフ』	オーガンジーワーク	日本ヴォーグ社	
	オーガンジーワークのフレーム	ニットステッチャー		
	やさしいセーター刺しゅう入門	ビーズ刺しゅう		
	セータープロセス	リボン刺しゅう		
春	「人と暮らしのインテリア」No.12	刺しゅう糸と針金のオブジェ	トーソー出版	
	BESURE（ビーシュア）spring			
	小倉ゆき子のホワイトワーク			
	フローラルオブジェ			
5月	「婦人百科」5月号	フルールダムール	NHK出版	● フランス旅行 6月18日〜29日、ファニーとDMC本社ミリューズ訪問（アンジェ→パリ）シャトーめぐり
	5月のハンドワーク			
	刺しゅう糸のカーネーション			
7月	『amuアムウ』	ニットステッチャー	日本ヴォーグ社	
	小倉ゆき子個展より			
	小さき鳥たちと……作品(3)			
夏	「人と暮らしのインテリア」No.13	オーガンジーワーク	トーソー出版	● 8月、ニードルワーク日本展 第5回テーマ：参加して守る地球環境／日本橋高島屋
	BESURE（ビーシュア）sammer			● 8月、DMC副社長が来日。MOKUBA訪問に同行
	小倉ゆき子のホワイトワーク オーガンジーと糸の奏でる白い光のハーモニー			■ 9月、学校週5日制スタート
	『handspal』No.11	ダイ・ステッチワーク	サンプランニング	■ 9月、毛利衛、米スペースシャトルに搭乗
	ハンズ パル			
	ちょっと素敵にダイ・ステッチワークの服			

オーガンジーワークによる花のフレーム。「ニッティングライフ」（日本ヴォーグ社）からの依頼で作りました。

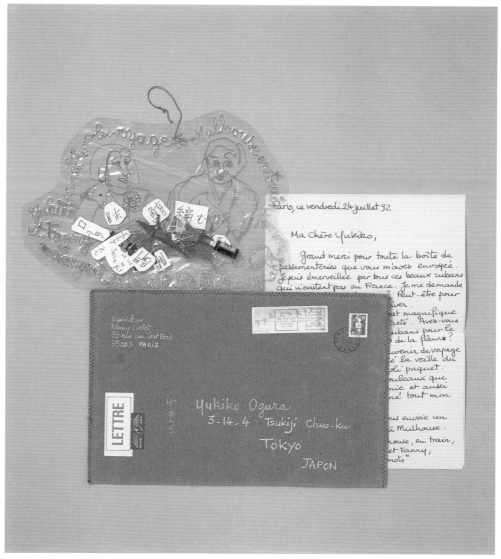

1992年7月24日、パリのファニー・ヴィオレさんからの手紙です。
「'92のゆき子とファニーのミリューズ旅行」と題されています。
パリから、DMCの本社工場があるミリューズへの汽車の中の様子が
そのまま縫い込まれていてびっくりしました。

1992
[平成4年]

後の「ステッチオン」

依頼があれば、どんなことにもチャレンジするのが私流でしたが、個展などで私の作品を知ってくだされば当然のこと、出版社からの発注内容も徐々に変わってきました。

前年、ヨーロッパで生まれた簡単技法と謳われるニットステッチ針（後に「ステッチオン」）に出会いました。私には楽しく印象深いものでしたが、皆さんにはちょっと扱いにくいようでした。美しく整えて刺すのは大変です。ならば自由に気ままに、図案などにとらわれず、糸に結び目があっても、楽しく刺せばいい。私なりの応用作品を個展会場にたくさん展示しました。誰もが自由に楽しめることを願って。ニットステッチ針をいち早く私に使わせてくださった『ニッティングライフ』の編集長に「ありがとう」とお礼申し上げます。

月	タイトル	技法	会社	出来事
10月	「らぶりーなう」No.117	ダイ・ステッチワーク	オリムパス製絲	■天皇・皇后、中国初訪問
	里の秋、もみじ、いちょう			
	クッション(3)			
11月	『ニッティングライフ』	毛糸の刺しゅう	日本ヴォーグ社	
	やさしいセーター刺しゅう 花を刺す			
	アラン風の模様に小花			
	メリヤス編みの部分を華やかに			
	『カントリークラフト 別冊私の部屋』	ダイ・ステッチワーク	婦人生活社	
	ダイ・ステッチワークのミニクッション	ニットステッチャー		
	ザクザク刺しゅうの額絵とカード			
12月	「らぶりーなう」No.119	オーガンジーワーク	オリムパス製絲	
	ホワイトクリスマス			
	組立てツリー			
	「ColorFashion」	刺しゅう糸	日本色研事業株式会社	
	表紙、中サンプル(2)	ワイヤーのオブジェ		
		ファイバーワーク		

ステッチオン（左ピンク）、ニットステッチャー（黒）と替え針（太さが異なる）、上の2本は針に糸などを通すための道具、刺す、編むができる道具です。

この1本の針（ステッチオン）で、刺しゅうとカギ針編をつづけて刺し、編むことができます。このDMC8番糸1巻（87m）をすべて挿し込んだ作品「青い鳥つかまえた」は、刺し終りの糸から編み物をほどくように、すべてきれいにほどくことができます。何度でも刺し直せる、遊べる楽しい道具による私の試作品です。

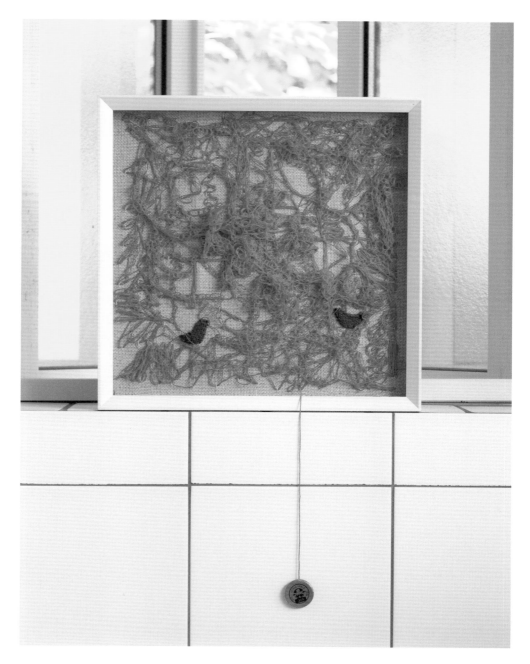

1993

[平成5年]

プロミスリング

ファニーさんとの5年間にわたる往復書簡となった互いの作品を展示することになり、彼女も来日しました。私はこの5年間、仕事の合い間にフランス語を懸命に学びました。少しでも自分の言葉で、作品説明をしたくなったからですが、ファニーさんとはどんどん親しくなりました。

作品展の会期中、雄鶏社から「急ぎで」とプロミスリングの依頼が飛び込みました。サッカーJリーグの発足に合せたいというので、チームカラーでも作りました。作品展後には、ファニーさんといっしょに京都や奈良、広島をめぐり、夜はホテルでひたすらプロミスリング作り。

『ビーズ刺しゅうの贈り物』(ブティック社)が出版され、作品展やダイ・ステッチワークも好評。少し前からオーガンジーワークの発注も加わり、大忙しでした。

月	タイトル	種類	出版社	展示・その他
2月				●ファニー・ヴィオレと小倉ゆき子、「パリ―東京ニードルワークレター展」2月22日～27日/千疋屋ギャラリー ファニーさん来日
3月	「H₂O生活図鑑」手芸で文通	あれこれ コラージュ	NHK出版	●『ビーズ刺しゅうの贈り物』(ブティック社)
	ファニーヴィオレとのコレスポンダンス		取材	●小倉ゆき子『ビーズ刺しゅうの贈り物』出版記念展、4月1日～6日/日本橋高島屋7Fギャラリー遊工房
春	「handspalハンズパル」No.14	オーガンジーワーク	サンプランニング	●男と女のためのTシャツ展 4月26日～5月15日/ショップギャラリーゼフィール
	ちょっと素敵に			
	シャッツ、パーカー各(1)			
5月	「刺しゅう図案集ワンポイント図案から大きい図案まで」	糸の刺しゅう	日本ヴォーグ社	■サッカー「Jリーグ」発足
	木と森、サンプラーとテーブルセンター			
	12か月のカレンダー、ミニ額(12)			
	輝く星座：サンプラー、ポケットチーフ			
6月	「毛糸だま」6月号	コラージュ あれこれ	日本ヴォーグ社	
	小倉ゆき子とファニー・ヴィオレ ニードルワーク文通展		取材	
	「らぶりーなう」No.125	ダイ・ステッチワーク	オリムパス製絲	
	おしゃれなパラソル(2)			
7月	「amuアムウ」	あれこれ コラージュ	日本ヴォーグ社	
	パリ東京ニードルワークレター展		取材	

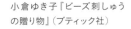

小倉ゆき子『ビーズ刺しゅうの贈り物』(ブティック社)

小倉ゆき子『すぐ作れる プロミスリング』1993年4月初版発行、同年8月30日には第9版に到る大ヒット作となりました。「やさしい作り方つき」がよかったのでしょうか！

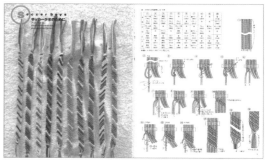

1993年にJリーグが設立。サッカー人気が高まり始める頃、雄鶏社からプロミスリングの本づくりを依頼されました。ひいきのチームカラーのリングを腕に結んで応援、それがてづくりのリングなら、さらに効き目がありそう！

1993

［平成5年］

「あの世への絆」

4月末発売の『すぐ作れるプロミスリング』（雄鶏社）は、8月には9版に達しました。私の場合、受注した手芸誌の掲載作品を誰かの手をお借りして作ることはありませんでしたが、このときばかりは子どもやその友人たちにまで協力をお願いしました。

秋には、私には珍しいタペストリー作品を巻頭に掲載してくださった「カントリークラフト」が発行されました。木の葉を拾い集め、押し花にしてオーガンジーで挟み、まわりを縫い合わせ、さらにパッチワークで仕上げたタペストリーです。2021年現在、葉は変色しても健在です。

ファニーさんのお誘いでフランスのミニ・テキスタイル展に応募し、入選しました。展示テーマは「アポカリプス」（この世の終わり）と聞いた私は、自らの作品を「あの世への絆」としました。

夏	「handspalハンズパル」No.15	ダイ・ステッチワーク	サン・プランニング	■8月、土井たか子、女性初の衆議院議長に
	ブラウス⑵			●『すぐに作れるプロミスリング』（Jリーグカラー）8月30日9版（雄鶏社）
11月	『作ってあげたい 赤ちゃんのパッチワークキルト小物集』	ダイ・ステッチワーク	婦人生活社	■EU発足
	染の絵のベビーふとん			●'93（入選）TRIENNALE INTERNATIONALE DES MINI-TEXTILE
	「カントリークラフト」巻頭	パッチワーク	婦人生活社	テーマ：APOCALYPSESアポカリプス、タイトル：Le lien avee l'antre monde「あの世への絆」フランスアンジェ、ベルギー
	木の葉とオーガンジーのパッチワーク壁かけ	押し花		
	綿棒で作るカテマラ人形	綿棒人形		
12月	「らぶりーなう」No.129	毛糸の刺しゅう	オリムパス製絲	
	セーター、カーディガン			

トリエンナーレ インターナショナル ミニ テキスタイルのコンクールということで、作品の大きさは12cm×12cm以内。この年の入選者は93名28か国の人達です。当然、フランスの方がいちばん多く29名、日本からも私を含め8名と3番目です。

作品のテーマが「この世の終わり」ですから、カタログをさっと見ても美しい、きれいとは言いがたく、私も初めての経験でした。

「あの世への絆」と題してフランスのミニ・テキスタイル展に応募し、入選した作品です。

絹のオーガンジーに挟まれた木の葉
は、時が経ち乾燥して縮みます。とき
おり浴室につるして湯気をあてると生
き返ります。
この写真が撮影されたのは2021年の
夏ですから、葉の色は28年の間に少
しずつ少しずつ変化してきました。

1994

[平成6年]

DMCの刺しゅう糸

好評がつづくプロミスリング。次は「ビーズでサッカーのチームカラーを」と頼まれた私は、針と糸で織るようにビーズを用いました。

一方、92年にDMC副社長のMOKUBA訪問で、DMCの刺しゅう糸によるMOKUBAのパスマントリーができました。紐やブレードのようで、しかしただの紐ではなくDMCの刺しゅう糸で作られています。

木馬さんはそれを「自由に使ってみてください」と、刺しゅうの先生方に贈りました。私のもとにも。5番糸でできたその紐を伸ばしたり、縮めたり、指に巻いたりして、ナフキンリングと一体化したランチョンマットができました。そこから『素敵に線刺繍』の本になり、新手法が生まれました。DMCの華麗なるニードルワークの世界展に参加した私は、この新しいパスマントリーをきものと後の屏風にも使いました。

月	タイトル	技法	出版社	備考
2月	『ビーズのお店屋さん』	ビーズ針織	雄鶏社	●『小倉ゆき子の素敵に線刺繍』MOKUBAパスマントリー使用（文化出版局）
	プロミスリング サッカーチームカラー			
	願いごとを夢色のビーズに			●DMC華麗なるニードルワークの世界 世界の刺しゅう作家の競演に参加「雛のころ」3月24日〜4月5日頃／日本橋高島屋、大阪、横浜、名古屋、京都、小倉、秋まで
4月	「カントリークラフト」Vol.4	かぎ針編み	婦人生活社	●『小倉ゆき子の素敵に線刺繍』、出版記念展4月20日〜24日／銀座清月堂ギャラリー
	フレンチカントリー特集	糸の刺しゅう		
	モチーフ編：クッション、テーブルセンター、ブックカバー、しおり	リボンアーティストリー		
	ファニー・ヴィオレのレシピでマドレーヌを焼く			
6月	「らぶりーなう」No.135	糸の刺しゅう	オリムパス製絲	■1ドル＝100円突破
	麻のブラウス グリーン、ベージュ			
7月	「パッチワーク教室」	ダイ・ステッチワーク	パッチワーク通信社	■日本が男女ともに世界最長寿国に
	ティッシュケースカバー			
	ポーチ			
	テーブルセンター			
夏	「handspalハンズパル」	糸の刺しゅう	サン・プランニング	
	ちょっと素敵に			
	麻の黒いブラウス(2)			
8月	「おしゃれ工房」8月号	線刺しゅう	NHK出版	
	8月のハンドワーク			
	線刺しゅうのブラウス			

左：サッカー人気で好評を博すプロミスリング。今度は「ビーズでチームカラーを」との発注を受けて作りました。
右：DMCの刺しゅう糸で作られたパスマントリー第1号の作品。ナプキンリングとランチョンマットが1体となるように刺しました。ここから『素敵に線刺繍』の本へと広がりました。

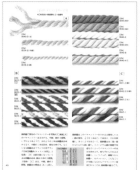

『小倉ゆき子の素敵に線刺繍』（文化出版局）

「華麗なるニードルワークの世界」展にパスマントリーの作品で参加。

1994
[平成6年]

刺しゅう用のリボン

線刺しゅうを受注するようになりました。そんな日々の水面下で、新しいリボン刺しゅうが動きだしていました。シカゴのステッチショーに木馬が参加するため、私に大至急で50の花をリボンで刺すようにと。刺しゅう用リボンはまだ10色程度しかなく、服飾用から刺せそうなリボンを選び何とか作りました。ところが、それがショーで大好評。英文版と同時進行で即作品集を出したいと言われました。

プロセス撮影を終えた次の日の夜、私はファニーさんとの作品展「2人のコレスポンダンス展」のためにパリへ。パリ3区の区役所のホールが会場でした。出発間際に受け取った作品などのネガを、ホテルの小さな灯かりにかざしてネームを書き……思い出は尽きません。会期中にリヨンの出版社を訪問し、ダイ・ステッチワークのプロセス撮影にも立ち会いました。

初秋	『ミセスのスタイルブック』	線刺しゅう	文化出版局	■9月、関西国際空港開港
	すてきに線刺繍			●ホビーショー MOKUBAブース、線刺しゅう クリエーターブース、ダイ・ステッチワーク
	クッション、手さげ、壁かけ			
10月	『美しい部屋別冊 私の手作り』	線刺しゅう	主婦と生活社	● MONTMORILLON クロスステッチコンクール テーマ：針で描く小説「源氏物語」入選／フランス
	パスマントリーを使って読者にデザイン指導			
	『so-en装苑』	線刺しゅう	文化出版局	●ファニー・ヴィオレと小倉ゆき子のコレスポンダンス展 10月11日〜24日／パリ3区区役所ホール
	葉っぱのエンブロイダリー			
	ベスト、スカート			●リヨン訪問／サックス社
	クッション、手さげ(2)			
11月	「カントリークラフト」	線刺しゅう	婦人生活社	
	パスマントリーで簡単刺しゅう			
	ヒースのナイティバッグ			
	ストッキングバッグ			
	すみれのマットとルームシューズ			
12月	「らぶりーなう」No.141	アップリケ	オリムパス製絲	
	クリスマスカード	糸の刺しゅう		
	サンタ、フェアリー、ツリーなど(9)	オーガンジーワーク		

パリでのファニーさんとのコレスポンダンス展のご案内状

右：シカゴのステッチショーのためのリボンで刺した「50の花」より。半分以上が紛失して見つかりません。

1995
[平成7年]

絵本のように

4月から「らぶりーなう」(オリムパス製絲)の表紙を1年間担当させていただくことになりました。"夏だけ眠り姫"を絵本のようにしたいと小さなお話を用意したり、ワクワクしながら刺しました。

『リボン刺しゅう花のパターン作品集』(日本ヴォーグ社)が出版されたことで、新しいリボン刺しゅうが動きだし、追いかけるように『リボンでつくるアクセサリー』(NHK出版)も出版。

「リボン刺しゅうではなく、リボンを使っていままでにないものを。木馬にはあんなにたくさんの服飾用リボンがあるでしょ」と、編集担当の方から励まされ、私はとにかくリボンを触りまくりました。そして、リボンで作るポシェット、多角形の型紙を使っての数々の花を制作。組み合わせは無限。また新手法が生まれました。

1月	「H₂O」		ペーパークラフト	NHK出版	■ 阪神淡路大震災発生
	ペーパークラフト年賀状				● La broderie façon Richelieu ダイ・ステッチワーク / フランス Les edition de saxê
	紙と糸端があればできる				
3月	「おしゃれ工房」3月号		フルールダムール	NHK出版	■ 地下鉄サリン事件
	3月のハンドワーク バザーの小物				● 小倉ゆき子『リボン刺しゅう』 花のパターンと作品集 (日本ヴォーグ社) / MOKUBA *Ribbon Embroidery Flower Patterns & Projects Yukiko Ogura NIHON VOGUE-SHA*
	刺しゅう糸で作るミニ花束(2)				
4月	「らぶりーなう」No.145		糸の刺しゅう	オリムパス製絲	● 『リボンでつくるアクセサリー』三角、四角、五角など多角形でつくる花発表 (NHK出版)2019年1月絶版 *Exquisite Ribbon Accessories* Quilters Resource Publications
	表紙(夏だけ眠り姫)				
	「おしゃれ工房」4月号		ダイ・ステッチワーク	NHK出版	
	4月のハンドワーク				
	ダイ・ステッチワークの手さげ(1)、クッション(2)				
	「毛糸だま」4月号		リボン刺しゅう	日本ヴォーグ社	
	『リボン刺しゅう』発刊記念				
	まずはひと針刺してみましょう				
	矢車草の飾り額				
6月	「らぶりーなう」No.147		ニットステッチャー	オリムパス製絲	● ホビーショー木馬ブース、リボン刺しゅう
	表紙(夏だけ眠り姫)		糸の刺しゅう		

右：オリムパス製絲からの手芸誌「ら
ぶりーなう」の表紙を担当すること
になり「絵本のように」と考えました。右
はその「夏だけ眠り姫」第1回です。
下：ダイ・ステッチワークの手法の本
がフランスで出版されました。

『リボン刺しゅう』の本、『リボンでつく
るアクセサリー』の本が日本語版と英
語版が同時に発刊しました。

1995
[平成7年]

新素材を検討

ホビーショーのMOKUBAのブースでは、前年の線刺しゅうにつづき、この年のリボン刺しゅうのワークショップも大盛況。クリエーターブースはダイ・ステッチワークの会の方々におまかせし、私はずっとMOKUBAブースにいました。6月にはまたフランスへ。モネへのオマージュ展に参加するための、幾人かの先生方とのツアーでした。

秋には、日本手芸普及協会会員の方々の研修会へ。新しいリボン刺しゅうを知っていただくため、木馬さんも協力。東京をはじめ全国7会場で、会員の皆様のご協力のもと講習をしました。当然、絹のリボン刺しゅうをご存じの方は大勢いらっしゃいます。MOKUBAが作ったリボンは以前のリボンとは違う新しい素材によるリボンです。それをどう扱うか、新しいリボン刺しゅうがこのあたりから始まりました。

月	タイトル	技法	出版社	備考
8月	「らぶりーなう」No.149	ニットステッチャー	オリムパス製絲	●クリエーターブース、ダイ・ステッチワーク
	表紙(夏だけ眠り姫)	レースワーク		●DANS LA LUMIERE DE GIVERNY、モネへのオマージュ/フランス
		糸の刺しゅう		6月1日～30日/
		リボンワーク		MUSEE HOTEL BAUDY
	「カントリークラフト」Vol.7	リボン刺しゅう	婦人生活社	GIVERNY/フランスツアーに参加
	トロピカルフラワーのおしゃれ小物			
	サマーバッグ、タンクトップ、			
	木のバスケットに刺しゅうした布			
	リボンの花のサンプラー			
	「毛糸だま」8月号	リボンアーティストリー	日本ヴォーグ社	
	リボン刺しゅうで華やかに	リボン刺しゅう		
	バラの額			
初秋	『ミセスのスタイルブック』	リボン刺しゅう	文化出版局	
	初秋に咲くコスモス 巾着(大、小)			
10月	「らぶりーなう」No.151	糸の刺しゅう	オリムパス製絲	●新しいリボン刺しゅう研修会
	表紙(夏だけ眠り姫)	アップリケ		9/8東京、9/14札幌、9/15仙台、9/21大阪、9/29名古屋、10/6広島、10/7福岡
		ニットステッチャー		●『リボン刺しゅう花のパターン作品集』(日本ヴォーグ社)
	「おしゃれ工房」10月号	リボン刺しゅう	NHK出版、TV	本の出版により、MOKUBAからの新素材での講習/財団法人日本手芸普及協会
	10月のハンドワーク			
	リボン刺しゅうのポシェット(2) ブローチ(2)			
	「レディブティック」10月号	リボン刺しゅう	ブティック社	
	花のリボン刺しゅう			
	クッション(2)			

右：全国7会場をめぐった講習会は、日本手芸普及協会の先生方への講習でした。右は新しい素材を使った新しいリボン刺しゅう、いわゆる講習作品です。

1995

[平成7年]

変わったものを

忙しくなる予感。これまでもハードで多忙でしたが、すでに子どもも成人し、以前とは忙しさが異なります。制作依頼は、ダイ・ステッチワーク、フルールダムール、線刺しゅう、そしてリボンへと移り変わるなかで「カントリークラフト」(マイルーム出版/婦人生活社)では、毎回編集長のお考えで「何か変わったものを」と頼まれました。そのつど手法はいろいろで夏号はトロピカルフラワーのリボン刺しゅう、冬にはニードルポイントとし、季節に合ったウールの刺しゅう糸で暖かいイメージで作りました。

「毛糸だま」10・12月号は、どちらもニットにリボン刺しゅうということから、東急ハンズでの1日教室を思い出します。お一人ずつデザイン相談しながら、よりクリエイティブにと、楽しい教室でした。

10月	『やさしいパッチワーク』	ダイ・ステッチワーク	パッチワーク通信社
	木綿クラフト		
	ランジェリーケース＆巾着		
	「毛糸だま」10月号	リボン刺しゅう	日本ヴォーグ社
	わたしのニットにリボン刺しゅう	巻きバラ	
	カーディガン(2)ベージュ、ピンク		
秋冬	「愛あむニット」秋冬号	リボン刺しゅう	日本ヴォーグ社
	花の刺しゅうが主役		
	バラのセーター		
	ハートのセーター		
冬	「so-en」別冊装苑	リボンアーティストリー	文化出版局
	冬のスタイルブック		
	シャツに一輪のバラ		
	半袖ニットにチョーカー型を		
11月	「手づくりの部屋」	リボンアーティストリー	日本ヴォーグ社
	リボン刺しゅう クッション(2)、ポーチ(2)		
	ピンクローズの額(3)		
12月	『手づくりBook』別冊私の部屋	ニードルポイント刺しゅう	マイルーム出版
	「カントリークラフト」		婦人生活社
	ウォールポケット		
	ブックカバー、手さげバッグ		
	「らぶりーなう」No.153	アップリケ	オリムパス製絲
	表紙(夏だけ眠り姫)	ニットステッチャー	
	「毛糸だま」12月号	リボン刺しゅう	日本ヴォーグ社
	あなたのニットに花の息吹を		
	ニットにリボン刺しゅう		
	カーディガンにバラの刺しゅう		

上：リボン刺しゅうによるトロピカルフ
ラワーです。「カントリークラフト」に
掲載。
下：シンプルなカーディガンが、リボン
刺しゅうで見ちがえるほど華やぎます。
日本ヴォーグ社「毛糸だま」より。

「手づくりBook」別冊私の部屋にブッ
クカバーとトートバッグ等が掲載され
ました。

1996
[平成8年]

モネの庭のイメージ

リボン刺しゅうは、あちこちで取り上げられました。「アムウ」2月号では、前年の日本手芸普及協会のリボン刺しゅうの講習の報告、そしてそれぞれの先生方のMOKUBAのリボンを使った作品が満載、私のリボン刺しゅうのフラワーバスケットも載せてもらいました。「らぶりーなう」の表紙"夏だけ眠り姫"は2月で終了。『花のハンドワーク特選集』(NHK出版)でも、フラワーバスケットはじめ、たくさんの花のリボン刺しゅうが掲載。「カントリークラフト」春号では、所属する絵の会に出展した「ジベルニーの光の中で」3部作を、編集長がこの号のテーマにぴったりと掲載してくださいました。編集長がモネの庭で撮られた写真と、私がイメージで描いた絵がそっくりだったことも印象深く憶えています。

月				
1月	『レディブティック』	リボン刺しゅう	ブティック社	
	ニットにあしらう花のリボン刺しゅう			
2月	「amuアムウ」2月号	リボン刺しゅう	日本手芸普及協会 日本ヴォーグ社	●小倉ゆき子リボンワーク展 2月29日〜3月5日『リボンでつくるアクセサリー』出版記念/玉川高島屋アートサロン
	リボン刺しゅう研修会のテーマ 花のサンプラー			
	リボン刺しゅうフラワーバスケット			
	「らぶりーなう」No.155	リボン刺しゅう	オリムパス製絲	
	表紙(夏だけ眠り姫)		ニットステッチャー	
	セーターにリボン刺しゅう		アップリケ	
	カーディガンにリボン刺しゅう			
3月	『手づくり百科 花のハンドワーク特選集』	リボンアーティストリー	NHK出版	●小倉ゆき子個展 DES JARDINS D'IMAG 3月4日〜9日/千疋屋ギャラリー
	リボンの素材で花の表情を	リボン刺しゅう		
	リボン刺しゅう額絵			
	マーガレットクッション			
	ベルベット巻きバラポーチ			
	手さげ、帽子、ブローチ			
春	「カントリークラフト」Vol.9春号	リボン刺しゅう	婦人生活社	
	モネの愛したジベルニーの光と影 アクリル画(3)	コラージュ		
	リボン刺しゅうニットステッチャーあれこれ			
	袋、ポーチ、カード、箱			
	『ミセス スタイルブック』		文化出版局	
	リボンで作るバラのコサージュ	リボンアーティストリー		
	クラシックローズ(2)、別珍リボンのバラ			
4月	「毛糸だま」4月号		日本ヴォーグ社	
	puppyデザイン室	リボンアーティストリー		
	セーターにブローチ、バレッタなど			
	小倉ゆき子 リボンの技法			
	『和のある暮らし』	刺し子	雄鶏社	
	藍でつくるインテリア			
	マルチカバー、のれん			

月刊の手芸誌「amu」やNHK出版の
『手づくり百科』にはリボン刺しゅう
のフラワーバスケットが掲載されまし
た。

絵の会に出展した「ジベルニーの光の
中で」3部作を「カントリークラフト」
の編集長が、ぜひ春号で紹介したい
と、掲載してくださいました。

1996
[平成8年]

NHKおしゃれ工房

モンモリオン（MONTMORILLON）という、フランス人でも知らない人がいるほど小さな町（?村）でクロスステッチのコンクールがありました。前回（1994年）、コンクールのテーマが「小説」だったので、私は「源氏物語」を応募作とし、入選しました。今回のテーマは「伝説」というので、「鷺草（サギソウ）伝説」をクロスステッチで表現し、再度の入選を果たしました。そこで、パリからこの小さな村まで足を延ばすことに。この年もホビーショーやニードルワーク日本展に参加し、秋には初めて「NHKおしゃれ工房手芸フェスティバル」に出展。『リボンでつくるアクセサリー』（NHK出版）のおかげです。リボンワークをテレビでも紹介するため、収録会場である銀座の松屋へ。私にとってはご近所でもあり、緊張せずに楽しめました。

6月	「らぶりーなう」No.159	ダイ・ステッチワーク	オリムパス製絲	●フランス MONTMORILLON
	Tシャツ、ダイ・ステッチワーク モラ風(3)	リボンアーティストリー		
	バラの花かご クッション、額(4)			
7月	「らぶりーなう」No.160	リボンアーティストリー	オリムパス製絲	●クロスステッチコンクール テーマ：針で描く伝説 鷺草 伝説入選 期間中訪問
	リボン・アクセサリーづくり			●ニードルワーク日本展、7月 4日〜10日
	リボンコサージュ(4)			テーマ：風、大地、みどり 私にとってのたからもの／銀座松坂屋
夏	『カントリークラフト』Vol.10	リボンアーティストリー	婦人生活社	
	ハッピーウェディング			
	リボンでつくるバラの花ブーケ			
9月	「おしゃれ工房」9月号	リボンアーティストリー	NHK出版	●ホビーショー MOKUBAブース、リボンでつくる花コサージュ
	リボンで華麗に	リボンワーク	TV	●NHKおしゃれ工房 手芸フェスティバルTV、9月11日〜
	バラのポーチ、コサージュ			16日 リボンワーク／松屋銀座（初参加）
	バラの額絵、バレッタ、イヤリング			
11月	「らぶりーなう」No.164	リボンアーティストリー	オリムパス製絲	
	スカーフクリップ(2)			
	コサージュ			
	ネットスカーフ(2)			
12月	「らぶりーなう」No.165	リボンと糸の刺しゅう	オリムパス製絲	
	クリスマス、ハートのリース、ベル、ポインセチア			
	ミニ額			
冬	別冊私の部屋 「カントリークラフト」Vol.12	糸の刺しゅう	婦人生活社	
	ふっくらサテンステッチ			
	ブックカバーとペンケース			

NHKおしゃれ工房フェスティバルの
ご案内（右）と、私のリボンワーク教
室です。

フランスのモンモリオンで開かれるク
ロスステッチのコンクールがあります。
私は1994年のテーマ「小説」に「源
氏物語」（左）で応募して入選しまし
た。1996年のテーマは「伝説」です。
そこで「鷺草伝説」（上）を応募作とし
ました。嬉しいことに連続入選となり
ました。

1997
[平成9年]

スタンプワークとは

家の光JAの手芸講習が全国各地で開催され、私もいくつかの会場を巡るという年でした。また、百歳万歳社から、リボンで作るコサージュの依頼があるなど、リボン刺しゅうやリボンで作る花々は途切れることがありませんでした。

そんな中、「カントリークラフト」の編集長から、スタンプワークという新手法についての英文資料を渡されました。何とか解読しながら、私なりにブローチを作りました。しばらくしてテレビでイギリスのアンティークの紹介番組があり、「これがスタンプワーク」と、家具の一部分に嵌められた半立体の刺しゅうが示されました。「あら、これが……」と、私的には間違っていなかったと納得しました。

2月	「らぶりーなう」No.167	リボン刺しゅう	オリムパス製絲	
	リボン刺しゅうコレクション			
	カーディガン黒・白			
	「家の光」2月号	リボン刺しゅう	家の光協会	
	JA家の光手芸教室			
	バラの模様の小物入れ			
	「amuアムウ」2月号	リボンアーティストリー	日本手芸普及協会	
	オーガンジーのブラウスにリボンの花いっぱい		日本ヴォーグ社	■4月、消費税5%
5月	「おしゃれ工房」5月号	レースワーク	NHK出版	●La brodeie ruban リボン刺しゅう『花のパターン作品集』(日本ヴォーグ社)/フランス Les edition de saxe
	レース使いの袋たち			
	ランジェリーケース			■カンヌ国際映画祭で今村昌平監督「うなぎ」パルムドール受賞
	ポーチ、巾着(3)			
7月	「百歳万歳」7月号		百歳万歳社	■香港が英植民地から中国へ返還
	リボンで作るコサージュ	リボンアーティストリー		
9月	「ミマン」9月号	リボン刺しゅう	文化出版局	■ロッキード事件
	秋桜のクッション(5)			
10月	おしゃれ工房別冊「私にもできるらくらく手芸」	フルールダムール	NHK出版	●Exquisite Ribon Accessorin リボンでつくるアクセサリー(NHK出版)/アメリカ Quilters Resource Publication
	刺しゅう糸でつくるミニ花束	リボン刺しゅう		
	リボン刺しゅうのポシェット			
	ポシェット(3)、ブローチ			●小倉ゆき子『ウェディングリボンワーク』リボンアーティストリー リボン刺しゅう(NHK出版)
12月	「カントリークラフト」冬号 Vol.16	スタンプワーク	婦人生活社	■地球温暖化防止京都会議
	スタンプワーク			●ホビーショー木馬ブース、リボン、ダイ・ステッチワーク
	花のブローチいちご、バラ、どんぐり、ぶどう			

リボン刺しゅうの『花のパターン作品集』はフランスでも出版されました。

新手法とされる「スタンプワーク」に挑戦。じつはイギリスのアンティーク家具などに嵌め込まれた半立体の刺しゅうもスタンプワークでした。

左：「百歳万歳」という雑誌から初めての依頼があり、リボンで作るコサージュを掲載していただきました。
右：家の光協会「家の光」JA家の光手芸教室でのリボン刺しゅうです。

1998
[平成10年]

全国各地で講習

この年も、NHKおしゃれ工房手芸フェスティバルに参加。手芸会場は、仙台、川越、柏、名古屋へと一気に拡大しました。そして、私にとって大きな出来事であるMOKUBA特別新作展示講習会がスタートしました。東京、広島、福岡、大阪、名古屋、新潟、静岡、仙台、札幌、各地の手芸の先生方と手芸店等を対象にした講習会です。東京会場は、新宿のルミネホール（後に「よしもと」）、約200名の方々に針を使う手仕事をどう伝えるか、3年前に日本手芸普及協会で講習をさせていただいたことが、参考になりました。この講習会は2014年までつづきました。この年はリボンだけでなく、帯や半衿などの作品依頼もありました。

小さな絵本のような『月と星の物語』（NHK出版）は、出版と作品展を同時に行い、私も参加しました。

月	作品名	技法	出版社	出来事
2月	「レディブティック」2月号	リボン刺しゅう	ブティック社	■ 長野冬季オリンピック開幕
	ロマンティックなリボン刺しゅう			● NHKおしゃれ工房フェスティバル
	セーターと巾着			仙台：2/6〜2/11
	「amuアムウ」2月号	パッチワーク	日本手芸普及協会 日本ヴォーグ社	川越：2/27〜3/5
				柏：3/11〜3/17
	ウェアラブルキルトの波に乗る	ソーイング		名古屋：11/12〜11/17
	MOKUBAのリボンで作るパッチワークのベスト(2) カラフル、白	刺しゅう		
3月	「ミマン」3月号	切り嵌め	文化出版局	● 糸と針で描く「月と星の物語」ニードルアート展 3月5日〜10日／玉川高島屋5階アートサロン
	私のきもの遊び	パッチワーク		
	二部式帯、ビーズの半衿	ビーズ刺しゅう		● MOKUBA特別新作展示講習会、3月〜4月 東京、広島、福岡、大阪、名古屋、新潟、静岡、仙台、札幌
	『月と星の物語』	パッチワーク	NHK出版	
	糸と針で描くニードルアート 作家24人	刺しゅう		
	星遊び	コラージュ		
春	「カントリークラフト」春号Vol.17	パッチワーク	婦人生活社	
	クレイジーパッチのガーデンキルト	ミシン、刺しゅう		
5月	「おしゃれ工房」5月号	リボンアーティストリー	NHK出版	● 小倉ゆき子個展、「私のイメージワーク」7月27日〜8月1日
	30分でできる簡単手芸			● ニードルライフ展「糸の針、自然を縫いこむ 小枝たちのハーモニー」8月28日〜9月5日／新宿高島屋
	リボンのブローチ			
9月	「カントリークラフト」9月号	コラージュ	婦人生活社	● Fanny&ゆき子のコレスポンダンス展、9月5日〜10月18日、ノルマンディトレヴァレス城(9月4日から訪問)
	焼き杉風の今を生かしたバッグ			● アンティークキルトとアーティストのキルト展、9月18日〜20日／銀座ワシントン7階ワシントンアート
	リボンコラージュ			
	フローラルテープ 花模様			

NHKからの『月と星の物語』に作家
24人の中のひとりとして参加しました。
出版と同時に作品展も開かれました。

MOKUBA特別新作展示講習会で
全国をめぐりました。写真は福岡会
場です。どの会場でも多くの人たち
に囲まれ、活気ある時間をすごしま
した。

1998
[平成10年]

コレスポンダンス展

個展「私のイメージワーク」（千疋屋ギャラリー）につづき「自然を縫い込む小枝たちのハーモニー・ニードルライフ展」（新宿高島屋）に参加。自分の作品以外にも会場を盛り上げる作品づくりに協力しました。

初秋には、またもファニーさんとのコレスポンダンス展のためフランスへ。今回はノルマンディのカンペールにあるトレヴァレス城が会場でした。ヨーロッパのキルターと日本からのキルターによるパッチワークキルト展には、日本人の姿もありました。その別室で、私たちの「てがみアート」が展示されました。

秋にはさらに、ヴォーグ学園やオリムパスファミリークラブでの講習で地方へ。出版の方は相変わらずリボン刺しゅうが主流です。

秋	**「家庭画報 きものサロン」秋号**		世界文化社	●ファニーとのコレスポンダンス展のためフランス・トレヴァレスへ INTERNATIONAL EXHIBITION OF CONTEMPORARY TEXTILE ART
	きもの地で手作りお洒落			
	アップリケの訪問着	アップリケ		
	アップリケ、リボン刺しゅう、二部式帯	パッチワーク		
	「毛糸だま」秋号	フローラルテープ リボン刺しゅう	日本ヴォーグ社	
	あみもの温故知新			
	昭和37年発刊「茶羽織のニット」の作品から、石田信子先生が編んで下さったものに			
	フローラルテープのリボン刺しゅう(3)			
10月	**「らぶりーなう」No.187**		オリムパス製絲	●ヴォーグ学園講習 大阪10月10日、東京10月11日 ●糸と針で描くニードルアート展 旅の風景、10月30・31日、11月1日/銀座ワシントン7F ワシントンアート
	この日一番輝くものたちへ	リボンアーティストリー		
	リングピロー 丸、ハート			
	ポシェット 丸、角			
11月	**「レディブティック」11月号**	フローラルテープ	ブティック社	●ハンドメイドのクリスマスデコレーション、11月19日(講習)～24日/新宿タカシマヤ2Fクリスマスマーケット ●オリムパス製絲講習 東京：11月25日 仙台：11月27日
	リボンのガーデニング	リボン刺しゅう		
	パッチワーククッション(3)			
	フローラルテープ 巾着(2)			
12月	**「カントリークラフト」12月号 Vol.20**	糸の刺しゅう	婦人生活社	
	糸の持ち味を生かしたステッチクッション	ミシン刺しゅう		
	クッション手縫い	アップリケ		
	クッションミシン刺しゅう			
	「らぶりーなう」No.189	リボン刺しゅう	オリムパス製絲	
	クリスマスミニ額(3)	アップリケ		
	お正月かざり(2)	糸の刺しゅう		

ニードルライフ展に参加しました。写真はこのときの出品作「小枝たちのハーモニー」です。

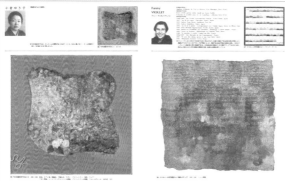

左：糸と針、自然を縫い込むニードルライフ展のカタログです。ファニー・ヴィオレさん作「ジベルニーの手芸屋さんへ贈るステッチ」小倉ゆき子作「モネの庭の片すみに」

093

1999

[平成11年]

Le premier pas

ホビーショーも、木馬の特別新作展示講習会もつづいていました。「新作展示」とあるからには、多くの新作が求められます。NHKおしゃれ工房手芸フェスティバルも同様に新作を、と。私は刺しゅうではなくリボンワークでの出展となりました。

華麗なるニードルワークの世界展にも参加。「ウェディング賛美」がテーマでしたから、私にとって思いの詰まった作品になりました。ダイ・ステッチワークの依頼は、この年になくなりました。かわりにリボンやビーズの依頼が多くなり、週刊「女性自身」ではビーズ刺しゅう。また今回もトリエンナーレ・ミニテキスタイル展（フランスのアンジェ）に入選しました。展示テーマは"un pas dans la Lune"「月への一歩」です。そこで私の作品タイトルは"Le premier pas"「はじめの一歩」としました。

1月	QuiLt mania Le Magazine de patchwork Fanny / Yukiko 10 ANS DE CORRESPONDACE TEXITILE	あれこれ	Brentano's	
2月	「らぶりーなう」Vol.191	リボンアーティストリー	オリムパス製絲	●木馬特別新作展示講習会、3月2日〜4月8日／東京、広島、福岡、大阪、名古屋、新潟、仙台、札幌
	春を感じたくて	リボン刺しゅう		
	ピンクのバラのカーディガン			
	バーガンディのバラカーディガン			
	フローラルテープバラ セーター			
4月	「おしゃれ工房」	リボンアーティストリー	NHK出版	●ウエディング賛美「華麗なるニードルアートの世界」3月18日〜30日／日本橋高島屋、5月13日〜23日／大阪高島屋
	すぐに作れる簡単手芸			
	花のリボンピン 多数			
	ミニバラのリボンピン 多数			
	カチューシャ（2）			
	『Enjoy & Sewing』	ミシン刺しゅう	フジックス	
	花の刺しゅうのクッションとバッグ			
6月	「女性自身」6月15日号		光文社	■男女共同参画社会基本法成立
	時代は手作りを求めている			●NHKおしゃれ工房 手芸フェスティバル、5月12日〜17日／横浜そごう、9月8日〜13日／銀座松屋
	ビーズ刺しゅうの小さいポシェット	ビーズ刺しゅう		
7月	『刺し子を楽しむ』	刺し子	ブティック社	
	ひとつの伝統模様を使って			
	のれん、手さげ袋、巾着（3）、クッション（2）、ティッシュボックスカバー			
8月	『刺しゅうガイド』		日本ヴォーグ社	
	リボン刺しゅう、ニットに刺す花	リボン刺しゅう		
	フラワーア・ラ・カルト、水色に映える花、			
	サンプラー（2ページ）、基礎ステッチ			
11月	『I Loveソーイング Female フィメール』		ブティック社	●ホビーショー木馬ブース
	注目のクラフト手芸			●'99フランス 入選 TRIENNALE INTERNATIONALE DES MINI-TEXTILES
	リボン刺しゅうのバッグ 手さげバッグ（2）	リボン刺しゅう		タイトル: un pas dans la Lune「月への一歩」アンジェ、12月4日（訪問）〜2000年5月14日
	読者に指導ページ・プロセス			

「華麗なるニードルワークの世界」展
に参加。「ウェディング賛美」をテーマ
に思いを込めた出品作です。

上：フランスのミニテキスタイル展の
入選作品「はじめの一歩」
下：これは作品の一部。リボンとビー
ズで作った小さな筥迫（はこせこ）で
す。

まとめ

リボン刺しゅうの波が到来！
メーカーMOKUBAと共に行く

1990年代もまた活動の幅が拡がりました。これまで、ダイ・ステッチワークやフルールダムールで懸命に動いていましたが、次にはレースワークやオーガンジーワークとなって、プロミスリングは嵐のように過ぎていきました。木馬さんとの縁から線刺しゅうがあり、とはいえ何より大きなことはリボン刺しゅうです。

『素敵に線刺しゅう』（文化出版局）につづいて、新しいパスマントリーとダイ・ステッチワークを組み合わせた作品集をと進めていましたが、すべてストップ。社長の一声「リボン刺しゅうの波が来ています」があったからです。アメリカやオーストラリアのキルターたちがリボン刺しゅうを取り入れつつある。リボンメーカーの木馬さんとしては、刺しゅう用リボンをいち早く商品化へ、と。私もすぐに切り替えました。以来私は"リボンおばさん"となっています。

リボン刺しゅうはヨーロッパの貴族の衣裳や持ち物の装飾に使われていて、大正時代には日本にも入ってきていたようです。私も以前から絹のリボンで刺していました。先輩の刺しゅうの先生方のどなたもなさっていたと思います。新しいMOKUBAの刺しゅう用リボンについては、商品化される前から私は使う立場で携わらせていただいていました。

現在では、素材も幅もさまざまですから、木馬の新作展示講習会やホビーショーは新しいリボン刺しゅうを知っていただくうえで大変に重要だったと思います。NHKおしゃれ工房手芸フェスティバルも加わって、忙しくとも本当に充実した日々でした。

2000-2009

すでに本当の"おばあさん"になりました。
それにしても、あきれるほどの仕事量です。
手も心も頭もフル稼働、出版に、作品展に、
講習会の日程もつぎつぎと決まります。
私がかってに1人で大量の作品を
産みだすからできることなのですが……。

2000

[平成12年]

ギャルリ・イグレック

3月にショップを兼ねたギャルリ・イグレックを開店したことが、2000年に入ってからの最も大きな出来事でした。特にこのような空間を望んだわけでもなく、成り行きでした。木馬さんのご協力もあって、リボンを主としたショップになりました。オープンに向けて準備中の2月には、木馬さんの仕事で全米ホビーショーの開催地であるアナハイムに行きました。新しくできたフローラルテープでの作品展示をし、デモンストレーションではフローラルテープの扱い方や、そのテープに小さな花を刺す手もとを見ていただきました。私の針とリボンの動きを見た来訪者からは「under over」の呟きが聞こえてきました。その後の説明もすべて「アンダーオーバー」で十分だったのです。リボン刺しゅうの依頼はビーズ刺しゅうと共につづいています。

年·月	作品掲載（ ）内は作品数	手法	出版社	出来事 ●私事 ■社会
2月				●全米ホビーショー MOKUBAブースデモンストレーションでアナハイムへ。2月1日〜4日
3月	「ミマン」3月号 ミマンの手芸教室 リボン刺しゅうのクッション さくら草、すみれ、水仙 3月、ギャルリ・イグレックをオープン。2021年2月まで手づくりを愛する人たちの交流の場となりました。木馬さんのリボンがずらりと並び、オープンの日は外で待つ人も。	リボン刺しゅう	文化出版局	●木馬特別新作展示講習会3月8日東京、3月23日福岡、4月12日札幌 ●『小倉ゆき子のリボンワーク』刺しゅうと花とパッチワーク（雄鶏社） ●ギャルリイグレック開店 リボンを主とした手芸材料とギャラリー 3月から暫く、小倉ゆき子の作品あれこれを展示 ●「私のイメージワーク」小倉ゆき子個展「アラビアンナイト」ゆき子シエラザード、3月1日〜暫く／ギャルリイグレック
4月				●『小倉ゆき子のリボンワーク』刺しゅうと花とパッチワーク出版記念、4月19日〜5月1日／ギャルリイグレック
5月				●小倉ゆき子「初夏のレースワーク展」5月17日〜29日／ギャルリイグレック ●小倉ゆき子「ビーズ刺しゅう＆ビーズワーク展」5月31日〜6月26日／ギャルリイグレック
6月	「おしゃれ工房」6月号 かんたん楽しいニードルワーク レースを配した初夏にふさわしいミニ額とポーチ	レースワーク	NHK出版	●ウェディングリボンワーク展 リングピロー、6月1日〜7日／プランタン銀座
夏	「毛糸だま」夏号 ニードルワークファンの新拠点 ギャルリイグレック	取材	日本ヴォーグ社	●小倉ゆき子「素敵に縁刺しゅう作品展」7月5日〜31日／ギャルリイグレック ●「レディス4」TV出演 8月14日

ribbon

小倉ゆき子の
リボンワーク
works

刺しゅうと花とパッチワーク

ONDORI

『小倉ゆき子のリボンワーク』(雄鶏
社) 刺しゅうと花とパッチワークによる
作品の材料は通信販売されました。

全米ホビーショーで、フローラルテープによるデモンストレーションをしました。
フローラルテープを縫いとめて、その上にリボンで小さな花をコロニアルノットステッチで刺します。

2000
[平成12年]

「ゆうゆう」取材

「Lovely now」（オリムパス製絲）では毎号新しい提案を心がけました。刺しゅう糸と変わった素材を合わせて使う手法を紹介することが多かったように思います。

この年の夏、突然「レディス4」（TBS）のTV出演がありました。リボンで作るコサージュだったと思いますが、特に打合せもなく、当日いきなりのスタジオ生出演。テキストのあるNHKの「おしゃれ工房」との違いに驚きました。また、この頃から「主婦の友」本誌からの依頼がなくなります。代わって「ゆうゆう」（主婦の友社）という新刊発行の前段階で声を掛けていただきました。「50代からの私が主役」をコンセプトとする「ゆうゆう」では、当時61歳だった私への取材から、コラージュ作品「私のアラビアンナイト」などがしっかりと紹介されました。

月			
9月	『ステッチ＆サンプラー基礎とデザイン』		雄鶏社
	リボン刺しゅう サンプラー（2ページ）	リボン刺しゅう	
	ビーズ刺しゅう サンプラー（2ページ）	ビーズ刺しゅう	
10月	「Lovely now」Vol.211	ビーズ刺しゅう	オリムパス製絲
	クリスマスポーチ（3）（ファー付き）	（糸で色を出す）	
	『素敵なバッグと装いの小物ビーズ刺しゅう』	ビーズ刺しゅう	雄鶏社
	クリアビーズの花のモチーフバッグ		
	ミニバラの手さげバッグ		
	「ゆうゆう」10月号──はじめてのシニアグラス──	ビーズ	主婦の友社
	グラスコードいろいろ	フローラルテープ	
12月	『こぎれの手仕事』	アップリケ	主婦の友社
	残り布で作る小さな袋	糸の刺しゅう	
	南仏プリントをアップリケクッション		
	フローラルテープの巾着		
	紅絹のポプリ 小さな手さげ		
	「ゆうゆう」創刊（2001年1月）	コラージュ	主婦の友社
	コラージュでつづる手芸日記私の千一夜物語	取材	
	「Lovely now」Vol.213	リボン刺しゅう	オリムパス製絲
	オールドローズのセーター（2）	糸の刺しゅう	
	オールドローズのカーディガン		
	『Handi crafts』ハンディクラフツ布を切らずにカットワークを表現	ダイ・ステッチワーク	日本手芸普及協会日本ヴォーグ社
	バラのブラウス		

● 小倉ゆき子「フルールダムール＆プロミスリング作品展」9月28日〜10月23日／ギャルリイグレック
■ 高橋尚子、シドニーオリンピック女子マラソンで金メダル

● 小倉ゆき子「リボンワーク秋・冬作品展」10月26日〜11月27日／ギャルリイグレック
● 小倉ゆき子「クリスマスいろいろ展（お正月もちょっと）」11月30日〜12月25日／ギャルリイグレック

■「IT革命」が新語・流行語の年間大賞

私の千一夜物語

手芸家　小倉ゆき子さん

アラビアンナイトといえば、「アラジンと魔法のランプ」「アリババと40人の盗賊」など、2250もの物語が集まった説話集。遠い昔のペルシアで、大臣の娘シェラザードが王に千一夜もかかって語り聞かせたことから、「千一夜物語」とも呼ばれています。

このアラビアンナイトから着想を得て、千一夜、つまり2年9カ月あまりもの間、毎日夜物語をつづるように小さなコラージュ作品を作り続けた手芸家がいます。小倉ゆき子さん、61才。忙しい毎日にもかかわらず、うれしい日や楽しい日はもちろんのこと、病気のときでも、たとえ旅先であろうとも、夜寝る前のひととき、欠かさず針と糸を持ち続けています。

こうしてできあがった1001点もの作品は、アラビアンナイトが持つきらびやかなイメージから解き放たれて、ごくふつうの日常が垣間見えるものになっています。ほどよく力が抜けていて、どこか見る者をほっとさせてくれる作品の数々。いつもおだやかで、年齢を重ねてもしなやかな感性を失わない小倉さんらしさにあふれています。

手芸家としての小倉さんはこれまでどんな道を歩んでこられたのだろう――そんな興味がふとわいて、小倉さんをたずねることにしました。さまざまな人との出会い、そして今後への思いなども含めてお話をうかがいます。

↓1997年4月7日。スタートの日の作品。「最初だから、張り切って、ていねいに作っているでしょう(笑)と小倉さん。

↓2000年1月1日。1001日目、最後の作品です。記念のシャンパンラベルとともに。

↑クリアファイルにおさめられた千一夜物語の作品たち。ファイルの総数は26冊! ギャラリー・イグレックのオープンのときに全作品を展示したそうです。

PROFILE
1939年愛知県生まれ、パスマントリーという1本のひもからできるという線刺しゅう、刺しゅう糸で花を作るフルール・ダムール、布用ペンと刺しゅうを組み合わせたダイ・ステッチワークなど、オリジナルの手法が大人気。著書も多数。

取材・文/大谷裕子　撮影/柴田和宣(主婦の友社写真室)

手芸日記「千一夜物語」誕生のきっかけ

小倉さんがアラビアンナイトをモチーフにした作品を発表したのは4年前の個展が最初でした。

「いつも作品を作りますけど、そのとき考えあぐねた作品がアラビアンナイトのイメージで。でも大きな作品、つじとか千一夜物語になぞらえて、こういうのが1001個あるよ〜とまた言っちゃって。その日から始めたの(笑)。

これが最初の千一夜物語となりました。このときは、アラビアンナイトのイメージをかなり意識した作品にしたそうです。

「個展を聞いてみなさんに見ていただいたんですが、しばらくすると、続きはないんですか?って聞いていただくかなと出てきて、それで、2000年1月1日に終わるように逆算して作り始めたのが2回目ね。ミレニアム

↑1998年12月21日、歌舞伎を見に行った日、坂東玉三郎さんが舞台で蜘蛛の巣を投げたのをそっといただいて。

↑1997年4月11日。風邪を引いて薬物を使っているのは薬のカプセルの包み。

↑1998年3月31日、初めてのお孫さんが生まれた。その日の新聞の切り抜きをやさしい色合いで包んでいます。

↑1999年3月22日。小倉さんの誕生日に、娘さんたちからプレゼントが。誕生祝いで赤い包装紙が使われていました。

「決まり切ったことをするのはつまらない。いつでも新しいことがしたいんです。何かを表現したり、アイディアを思いついたり。そういうのが、すごく楽しいんです」

◁いつも着物姿の小倉ゆき子さん。「母が遺してくれた着物がもったいなくて、着てみたら日本の気候にすごく合っていて楽なのよ。家でも旅先でもいつもすてきにこなしていらっしゃいます。

主役になっているのは葉書よりひと回りほど大きい布に包まれた、さまざまで、端の始末もしなくていい裁ちっぱなしで、そこに、仕事で使ったボンドやコード、ビーズなどいわゆる手芸材料はもちろんのこと、旅先で入ったレストランの著袋、新幹線の切符、薬のパッケージなど、ありとあらゆるものが刺しゅう糸で縫いとめられています。仕上がりもいろいろ。

「ここが変なステッチになっているとか、曲がっているとか、全然気にしないんだって。毎日のことだし、きれいにやらない。「こうしようかきれいに作ってみようかな」とか思って、苦しいことしないわと自っ軽やかに笑う小倉さん。でも最初からこんなふうに思い切れたわけではありませんでした。

この年の12月、50代からの女性誌「ゆうゆう」(2001年1月号)が発売となりました。
当時61歳の私の「千一夜物語」が、かなり詳しく紹介されました。

2冊の本を出版

『てがみアート』(工作舎)と『リボン刺しゅうの本』(日本ヴォーグ社)という2冊の本が出版されました。1月末には『てがみアート』の共著者であるファニーさんも来日、「ファニーとゆき子のコレスポンダンス展」(千疋屋ギャラリー)を本といっしょに見てもらいました。この作品展の最終日、私は全米ホビーショーに『リボン刺しゅうの本』を携えて向かう予定でした(ファニーさんは午前の便で帰国)。ところが午後からの大雪のため、まる1日成田に足止め、翌日かなり遅れてロサンゼルスへ。前年と同じアナハイムの会場で2日間のデモンストレーションを終えるとすぐに帰国し、翌日には仙台でのNHK「おしゃれ工房手芸フェスティバル」へと綱渡りのような日々。そんな新世紀の幕開けでした。

月	タイトル	技法	会社
1月	「I Loveソーイング」femaleフィメール1月号	リボンアーテストリー	ブティック社
	リボンで作るコサージュに挑戦!		
	読者に指導プロセスコサージュ(5)		
2月	「Lovely now」Vol.215		オリムパス製絲
	私のリボンのパッチワーク	パッチワーク	
	巾着袋(3)	糸の刺しゅう	
春	『家庭画報』きものサロン春号	取材	世界文化社
	私のきもの世界		
	母の明石の着物		
4月	「Lovely now」Vol.217	リボン刺しゅう	オリムパス製絲
	旅立つ人に贈りたくなるリボンワーク	糸の刺しゅう	
	クッション(3)		

- 『てがみアート』手芸でつづる日仏往復書簡 ファニー・ヴィオレと小倉ゆき子(工作舎)
- 小倉ゆき子『リボン刺しゅうの本』基礎と応用のステッチ(日本ヴォーグ社)
- 『MAGIC Loisir LA BRODERIE DE PERLES』ビーズ刺しゅう、フランス LES EDITIONS DE SAXE
- Fanny・Yukiko「てがみアート、コレスポンダンス展」1月22日〜1月27日/千疋屋ギャラリー
- 1月27日より全米ホビーショー ロサンゼルスアナハイム MOKUBAブース 雪のため2泊3日、1月31日帰国して翌日仙台へ
- NHKおしゃれ工房手芸フェスティバル、2月2日〜7日仙台、2月16日〜21日福岡
- 小倉ゆき子リボンワンダーランド展、2月28日〜4月2日/ギャルリイグレック、
- 木馬特別新作展示講習会、3月7日東京、3月14日大阪、3月16日名古屋、3月22日福岡、3月27日仙台
- 『リボン刺しゅうの本』出版記念作品展、5月23日〜6月11日/ギャルリイグレック

上：小倉ゆき子＋ファニー・ヴィオレ『てがみアート』（工作舎）は、楽しく自由な手芸でつづる日仏往復書簡発刊記念展も行い、賑わいました。

右：『てがみアート』より。ある秋に交わされた、ゆき子とFannyのてがみ。ファニーさん、ニューヨークで拾ったプラタナスの葉にびっしりとゆき子宛てのたよりをしたためました。

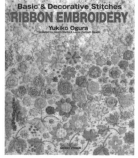

小倉ゆき子『リボン刺しゅうの本』（日本ヴォーグ社）は日本語版と英語版が出版されました。

2001
[平成13年]

「刺し子」のこと

フランスのサックス社から、ビーズ刺しゅうの新刊書が届きました。刺し方プロセスは、日本でカメラマンに頼んで撮影を進め、それを作品と共にサックス社へ送って、ようやく本になりました。ビーズ刺しゅうの基本となる部分は、とても分かりやすく編集されていて、いまでも素晴らしいと思います。

この年、久々に刺し子の依頼があり、「レディブティック」6月号（ブティック社）では、七宝つなぎの模様であれこれ作りました。そういえば1978年頃、渋谷東急ハンズの教室に、外国の方から「日本の刺しゅう」「シンプルな刺しゅう」についての問い合せが多くあって、それが刺し子のことでした。9月11日、パリのファニーさんのお宅でテロの第1報を聞きました。次の日、私は一人ロンドンへ。かなり緊張したことをおぼえています。

6月	「Lovely now」Vol.219	リボン刺しゅう	オリムパス製絲	● 小倉ゆき子「レースワーク作品展」6月13日〜7月2日／ギャルリイグレック
	うたかたの夢を紡ぐような	糸の刺しゅう		
	おしゃれなミニバッグ			
	「パッチワークキルト通信」Vol.102	ダイ・ステッチワーク	パッチワーク通信社	
	新テクニック大公開			
	パッチワーク風 手さげ			
	モラ風 クッション			
	アップリケ風 テーブルクロス			
	「レディブティック」6月号		ブティック社	
	伝統の手仕事「刺し子」の小物	刺し子		
	七宝つなぎ 巾着(3)			
	七宝つなぎ コースター(6)			
8月	「Lovely now」Vol.221		オリムパス製絲	● 小倉ゆき子「ニードルワーク作品展」8月8日〜9月3日／ギャルリイグレック
	透き通る鳥のさえずり	オーガンジーワーク		
	テーブルセンターコースター(6)	リボンワーク		
	ミニ額アクリル			
9月	「おしゃれ工房」9月号		NHK出版	● 小倉ゆき子「コラージュ作品展」9月5日〜10月1日／ギャルリイグレック
	秋のハンドクラフト、リボンと糸で遊ぶ	リボン刺しゅう	TV	■ 9月11日アメリカ同時多発テロ事件
	ばらの額コラージュのバッグ(2)	コラージュ		● NHK TV出演、9月13日夜9時台
	私の千夜一夜物語			今夜もあなたのパートナーII『おしゃれ工房』作るっていいな秋のハンドクラフト
	「キルトジャパン」9月号	リボンアーティストリー	日本ヴォーグ社	リボン刺しゅう、私のアラビアンナイト、コラージュ、ファニー・ヴィオレとの手紙、秋の便り作品
	素材探訪 MOKUBA	取材		
	Ribbon Kmbroiding Courage			

伝統の手仕事
すべて作り方付

「刺し子」の小物

「刺し子」は江戸時代、東北地方の農民によって広まったと言われます。衣服より食を優先しなければ生きて行けない時代で、人々は衣服の保温、補強を刺繍物に工夫をしてきました。それが「刺し子」です。その原型は奈良時代からあったとも言われ、日本の伝統的な手芸として、現代まで伝承されてきました。簡単な小物に託してご紹介しますので、是非、一針一針心を込めてお楽しみください。

七宝つなぎ
右上斜め、左上斜めの波縫いでできている模様。交点は円を描くように揃える次で、一目の大きさを調節します。

今月のプレゼント（応募方式セットで—A）

218（作り方）137ページ

219（作り方）137ページ

220（作り方）137ページ

"七宝つなぎ"を配したお洒落なコースター

製作・小倉ゆき子

101

215（作り方）126ページ

216（作り方）126ページ

217（作り方）126ページ

一部読者プレゼント付
詳しくは145ページをご覧ください

刺し子の伝統的な模様
"七宝つなぎ"を施した素敵な巾着

製作・小倉ゆき子

100

日本に古くから伝わる手仕事「刺し子」により巾着とコースターを作りました。どちらにも、伝統的な模様「七宝つなぎ」を施しています。

サックス社（仏）からのビーズ刺しゅうの本。作品とその手法について、写真と解説文付きです。

2001

[平成13年]

毎日をきもので

私は30代のはじめから、365日ずっときもの（和服）ですごしています。現代社会の毎日をきものですごすには、それなりの工夫が必要です。伝統や本式などとは関係のない私ですし、着やすく、動きやすく、省けるものは省き、それでいて陳腐ではないようにとだけ心掛けてきました。

講習会や作品展の会場では、その場に合った素材や手法で手を加え、帯はほとんど自作です。リボン刺しゅうやニットステッチャーで刺す遊びの帯が「家庭画報」のきものサロンで紹介されたこともあります。

「ミマン」12月号では、『てがみアート』を気に入ってくださった編集の方から、往復書簡の続きを紹介したいとのお話があり、ファニーさんと私は承諾しました。

10月	「Lovely now」Vol.223	オリムパス製絲	■ 野依良治名大教授、日本人のノーベル化学賞受賞3人目となる。
	リボンワークの愉しい世界	ワープレスリボン	
	手さげバッグ(2)	糸の刺しゅう	
	パネル参考作品		
冬	「家庭画報」きものサロン冬号	世界文化社	
	小倉ゆき子のシンプルでお洒落なリボンワーク	リボン刺しゅう	
	モダンなリボン刺繍の帯	ニットステッチャー	
	アーティスティックにリボンで遊ぶ		
11月	「家庭画報」11月号	世界文化社	● 小倉ゆき子ニードルワークツール展、11月28日〜12月24日／ギャルリイグレック
	Hobbyリボンを使った可憐な刺しゅうを楽しむ	リボン刺しゅう	
	リボン刺しゅうのミニポーチ		
	リボン刺しゅうのブローチ		
12月	「ミマン」12月号	文化出版局	■ 皇太子妃雅子さま、女児をご出産
	ゆき子とファニーの日仏往復書簡	あれこれ	
	糸と針でつづる手紙		
	ゆき子からファニーへ最新作		
	「Lovely now」Vol.225	オリムパス製絲	
	リボンワークのクリスマス	リボン刺しゅう	
	ポーチ大・小、アクセサリー		

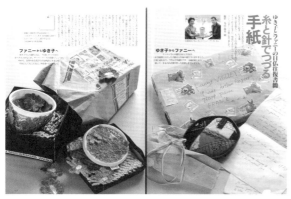

ファニーさんと私の『てがみアート』
出版後も往復書簡はつづきます。
「ミマン」12月号より。

30代からずっときもの（和服）生活。
私らしくありたくて、ほとんどの帯を
自作しています。
左は二つ孔の針で刺しゅう。

2002
［平成14年］

基礎があればこそ

字を書くのも、絵を描くのも苦手という人向けに"コラージュはがきのアイデアを"という珍しい依頼が「ゆうゆう」1月号からありました。「キルトジャパン」1月号では、松竹梅をモチーフにリボンのパッチワークやアップリケによる楽しい一式を紹介できました。

『はじめてのビーズ刺しゅう』（雄鶏社）と『刺しゅうの基礎』（ブティック社）が出版となりましたが、どちらも作品集ではありません。前者は基本となるステッチを手や針の動きにより分類する本であり、後者は、私がよく使う刺しゅうの手法にしぼって紹介しています。刺しゅうはあまりにも手法が多いためです。それにしても、基本や基礎からほど遠い作品を得意とする私がなぜ……？ いえ、だからこそ、なのかもしれません。

月	タイトル	手法	出版・取材	展示・その他
1月	「ゆうゆう」1月号		主婦の友社	● 『はじめてのビーズ刺しゅう』基礎ステッチなど（雄鶏社）
	字を書くのも絵も苦手な人に	コラージュ		
	コラージュハガキ			● 『刺しゅうの基礎』糸の刺しゅう、クロスステッチ、カットワーク、ダイ・ステッチワーク、刺し子、ビーズ刺しゅう、リボン刺しゅう（ブティック社）
	「キルトジャパン」1月号	リボンパッチワーク	日本ヴォーグ社	
	お正月の松竹梅	アップリケ		
	タペストリー			
	クッション(2)、飾りもの			
2月	「Lovely now」Vol.227	リボン刺しゅう	オリムパス製絲	● 小倉ゆき子和を楽しむ作品展、1月9日〜1月28日／ギャルリイグレック
	はるか昔から、そしてこれからも			
	変わらない遊び心 ハート＆フェアリー			● 小倉ゆき子ハートパーティへようこそ、2月6日〜2月25日／ギャルリイグレック
	「パッチワークキルト通信」	パッチワーク	パッチワーク通信社	
	我流着物の楽しみ方	アップリケ	取材	
	着物・帯・半衿	リボン刺しゅう		
		ビーズ刺しゅう		
		ダイ・ステッチワーク		
春	「毛糸だま」春号		日本ヴォーグ社	● 「通信講座」ビデオレッスン小倉ゆき子のリボン刺しゅう（日本ヴォーグ社ホームカルチャー）
	ベストをリボン刺しゅうで飾りましょう	リボン刺しゅう		
	プロセス			
	「家庭画報」きものサロン春号		世界文化社	
	きものサロン春の手作り教室			
	ビーズ刺しゅうの和装小物	ビーズ刺しゅう		
	半衿(5)袋物(4)			
3月	「cotton friend」コットンフレンド3月号		ブティック社	● ホビーショー クリエイターブース
	リボン刺しゅうの世界へようこそ	リボン刺しゅう		● 木馬特別新作展示講習会、3月10日東京、3月13日大阪、3月19日名古屋、3月27日福岡、4月4日仙台、4月11日札幌
	サンプラ額(1)			
	サンプラ額(2)			● 小倉ゆき子「ダイ・ステッチワーク図案展」3月6日〜3月25日／ギャルリイグレック

右：小倉ゆき子『はじめてのビーズ
刺しゅう』（雄鶏社）
左：小倉ゆき子『刺しゅうの基礎』
（ブティック社）

日本のお正月の柄といえば「松竹梅」
と決めてアップリケやリボンのコラー
ジュ等の手法により漆塗りのお盆サイ
ズに合わせたタペストリー（右）やクッ
ションを作りました。楽しく新春を迎え
られますようにと。

季節のキルト

53

リボン素材提供　MOKUBA

54

52　朱塗りのお盆のサイズにぴったり合わせ
てしつらえたタペストリー。モノトーンのリ
ボンを整型してパッチワークをし、その上に
手染めをした綾柄の松竹梅を立体的にアッ
プリケしています。参考作品　30×26㎝
53　52と同様に純白な生成りのリボンだけを
集めてパッチワークしたタペストリー。白い
ベースに松竹梅の鮮やかな色が映えます。参
考作品　30×38㎝
54　正方形形を4つ組み合わせただけのシンプ
ルな構成。松竹梅以外のスペースにはリボン
をコラージュ風にアップリケ。なんともモダ
ンでおめでたいクッションになりました。
作り方／（左）99ページ　（右）＝実物大アップ
リケ図案は巻末図面

52

お正月の松竹梅

作品・文／小倉ゆき子
撮影／奥本邦雄　スタイリスト／岡本礼子

松竹梅。私のお気に入りの着物の一枚に、小さな松竹梅の柄の小紋があります。
年中はと大して着物を過ごしているのは、きれいな松竹梅の着物なので、お正月というよりは、はるか昔の私です。
特別の事と言いますか、お正月くらいは昔ながらのつもりで、染めの着物で迎えたいものです。
するとお正月らしく、ゆったりとした気持ちになります。
松竹梅の着物は、そんな時にも着ます。一枚です。
私の気持ちの着物は正月、一月に一度とある事はありません。
そこで今回、作品として、日本のお正月の柄という、こだわりの着物からヒント、
リボンのパッチワークに、松竹梅のアップリケやリボン刺しゅうにしようかしらと、述べました。
アップリケの布は、楽しんでいるというもうこと、綿の絣模様を染めました。
春を迎える楽しさを感じていただけたらと嬉しいのだけれど。

109

2002

[平成14年]

講座も連載も

リボン刺しゅうの通信講座ビデオレッスンが日本ヴォーグ社のホームカルチャーで開講しました。通信講座としてはもう一つ、NHK学園でのビーズ刺しゅうがありますが、こちらはビデオではなく、送られて来た作品を添削して返送するという方法でした。資格などとは無関係の楽しい講座です。

また「おしゃれ工房」4月号から小倉ゆき子のニードルワークプランとして連載が始まり、こちらも楽しみな企画でした。第1回は「あつめてあつめて桜色」コラージュです。

この頃、クローバーさんでは2つ孔デュエット針に力を入れられていました。私も『2つ孔針に2色の糸でデュエット刺しゅう』(日本ヴォーグ社)に加えていただき、リボンと糸でこの針ならではの使い方を考案しました。

月			
4月	「ミマン」4月号		文化出版局
	ミマンのハンドメイド 花のモチーフ	リボン刺しゅう	
	ブラウス		
	「パッチワークキルト通信」	リボンアーティストリー	パッチワーク通信社
	春の手作り		
	リボン刺しゅうのブローチ(3)	リボン刺しゅう	
	リボンの花帽子に		
	「別冊おしゃれ工房」	ビーズ刺しゅう	NHK出版
	ビーズワークがいっぱい		
	表紙ハートのブローチ(9)		
	ビーズとリボンの手さげ		
	プリント柄にビーズの手さげ(2)		
	ストールフリンジ		
	アルファベットのビーズ刺しゅうなど		
	『2つの孔針に2色の糸でデュエット刺しゅう』	デュエット刺しゅう	日本ヴォーグ社
	リボンと糸のデュエット	(糸とリボン)	
	フリーステッチでデュエット		
	「Lovely now」Vol.229	フローラルテープ	オリムパス製絲
	創作の春		
	フローラルテープによるパネル		
	ニードルケース	糸の刺しゅう	
	「おしゃれ工房」4月号		NHK出版
	小倉ゆき子のニードルワークプラン		
	あつめて、あつめて、桜色	コラージュ	
5月	「おしゃれ工房」5月号		NHK出版
	小倉ゆき子のニードルワークプラン		
	若葉、青葉、みどりの葉	コラージュ	

● 『はじめてのビーズ刺しゅう』出版記念展、3月27日〜4月15日/ギャルリイグレック
● 小倉ゆき子「ビーズ刺しゅうの半袴とおしゃれな小物展」4月24日〜5月13日/ギャルリイグレック
● 通信講座小倉ゆき子の「ばら刺しゅう」NHK学園

上：2つ孔のデュエット針に2種類の糸を通してのデュエット刺しゅう。斬新な仕上がりに、想像力も刺激されます。
下：「おしゃれ工房」4月号からの連載。「針と糸で綴るエッセイ」と考え、展開しました。
4月：あつめて あつめて さくらいろ
作り方のいらないページです。リボン、レース、ビーズなどを使って自由に表現。今回はコラージュです。

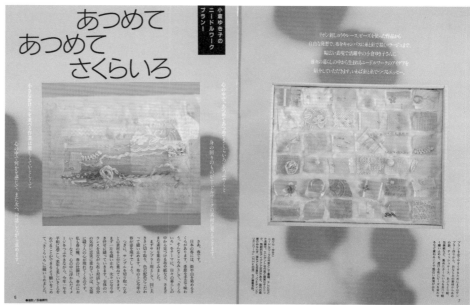

2002
［平成14年］

月々のコラージュ

毎月の「おしゃれ工房」でのコラージュは、長く携わってきたこの仕事の中で忘れられない制作となりました。編集担当の方との打合せはありましたが、その時々の思いや感動を大切にと、自由にさせてくださいました。
6月号は「糸とビーズで雨音が聞こえてきそうな」と思いをめぐらします。7月号は「花咲く瞬間待ちわびて」とし、以前、夏の夕方に月見草が咲く瞬間を見て、当時夢中だったオーガンジーワークに反映できたことを思い出しました。その時のワクワク感がよみがえります。8月号は「透ける重なり」、夏の明るい元気をと赤いオーガンジーやチュールやレースなど、身近にある素材で遊びました。
『手づくりのウエディンググッズ』（ブティック社）には、作品だけでなく作り方も詳しく載っています。

6月	「Lovely now」Vol.231		リボン刺しゅう	オリムパス製絲
	初夏の創			
	ミニ額手さげバッグ（茶、グリーン）			
	ニードルケース			
	「木綿の小もの遊び」手芸ファクトリー	リボンアーティストリー		婦人生活社
	花飾りのリボンワークコサージュ（5）		リボン刺しゅう	
	花のグリーティングカード（6）			
	リボン刺しゅうバッグ（2）			
	「ゆうゆう」6月号 50才から私が主役		ゆかた	主婦の友社
	ゆかたにちょっと強くなる		アドヴァイス	
	「おしゃれ工房」6月号		糸とビーズと紙のクラフト	NHK出版
	小倉ゆき子のニードルワークプラン			
	六月の雨の音			
7月	**「おしゃれ工房」7月号**		リボンワーク	NHK出版	● 小倉ゆき子「レースワーク作品展」7月3日～29日／ギャルリイグレック
	小倉ゆき子のニードルワークプラン		オーガンジーワーク		
	花咲く瞬間待ちわびて				
8月	**「Handi crafts」ハンディクラフツ**		ビーズ刺しゅう	日本ヴォーグ社	●『刺しゅうの基礎』出版記念展、7月31日～9月2日／ギャルリイグレック
	おしゃれなビーズ刺しゅう				
	セーター、カーディガン				
	「Lovely now」Vol.233	リボンアーティストリー		オリムパス製絲	
	リボン刺しゅう夏の創				
	シルクスカーフにリボンの花				
	オリーブ、グレージュ、ティローズ				
	「おしゃれ工房」8月号		オーガンジーとレース	NHK出版	
	小倉ゆき子のニードルワークプラン		コラージュ		
	透ける重なり				
9月	**「手作りのウエディンググッズ」** メモリアル		リボン刺しゅう	ブティック社	● 小倉ゆき子「リボンワーク作品展」9月4日～23日／ギャルリイグレック
	リボン刺しゅうのフォトフレーム		ビーズ刺しゅう		
	ビーズ刺しゅうのフォトフレーム				
	リボン刺しゅうのメモリアルフレーム				

六月
の
雨
の
音

小倉ゆき子の
ニードルワーク
プラン！

Memorial
メモリアル
handmade wedding goods

ブティック社からのウエディング関連
冊子の「Memorial」ページにフォトフ
レームなどを提案しました。

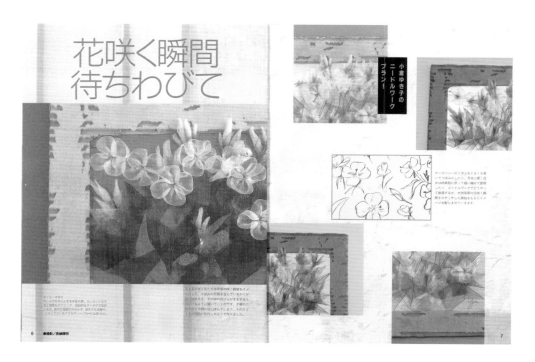

花咲く瞬間
待ちわびて

小倉ゆき子の
ニードルワーク
プラン！

6月：六月の雨の音
7月：花咲く瞬間 待ちわびて
糸とビーズで雨音を表現したり、以前
に見た月見草の記憶をたどってみたり
……印象深く忘れられない連載とな
りました。

2002

[平成14年]

綿棒人形づくり

「コットンフレンド」(ブティック社)では、ビーズ刺しゅうとリボン刺しゅうのトートバッグや巾着など、使えるHawto手芸を掲載。「おしゃれ工房」9月号では「月見る月の月さがし」として、台風の夜に体験した感動そのままを表現しました。10月号は「七色の秋」として秋らしく。そしてこの秋、「刺繍通信」(雄鶏社)が創刊。「私のアラビアンナイト」を紹介してくださるとともに「楽しい刺しゅう・楽しむ刺しゅう」として、この季刊本への連載も決まりました。

年末には、フランスのサックス社から「綿棒人形」の掲載誌が届きました。フランスから送られてきた綿棒で作り、プロセスはビーズ刺しゅうの時と同様にカメラマンとあれこれ工夫しましたが、かなり前のことで詳細は忘れています。

秋にはまたフランスへ。

月				
9月	「cotton friend」コットンフレンド	ビーズ刺しゅう	ブティック社	●NHKおしゃれ工房手芸フェスティバル、9月11日〜16日/松屋銀座
	HOWTO手芸	リボン刺しゅう		
	トートバッグ(2) 巾着大小			
	ミニバッグミニ巾着(2)			
	ピンクッション(2) 小物入れ(2)			
	「おしゃれ工房」9月号		NHK出版	
	小倉ゆき子のニードルワークプラン	コラージュ		
	月見る月の月さがし	モビール		
10月	**「おしゃれ工房」10月号**	コラージュ	NHK出版	■拉致被害者5人が北朝鮮から帰国
	小倉ゆき子のニードルワークプラン			
	七色の秋			
	「Lovely now」Vol.235	リバースアップリケ	オリムパス製絲	
	徒然なる秋の創	糸の刺しゅう		
	落ち葉もようのクッション(2)			
	落ち葉もようのコラージュパネル			
11月	**「おしゃれ工房」11月号**	コラージュ	NHK出版	●パッチワーク展の中、ファニー・ヴィオレと小倉ゆき子のコレスポンダンス展、11月16日〜24日/フランスリヴ(フランス リヴ市役所リヨンから80km)、手工芸展訪問の旅
	小倉ゆき子のニードルワークプラン	リボンモチーフ		
	落ち葉の吹き寄せ			
	『クロスステッチ5つの風景』	クロスステッチ	日本ヴォーグ社	
	ハートをモチーフに額、大・小(5)			
	『和布手作り決定版』	リボン刺しゅう	婦人生活社	
	ねじりリボンのお大事袋	ビーズ刺しゅう		
	メガネ入れ、ミニ巾着(2)			
秋冬	「刺繍通信」Vol.1秋冬創刊号	コラージュ	雄鶏社	
	楽しい刺しゅう楽しむ刺しゅう			
	アラビアンナイト私の千一夜物語			
12月	**「おしゃれ工房」12月号**	フリーレースシートを使って	NHK出版	●小倉ゆき子「ニードルワークツール展」12月4日〜1月13日/ギャルリイグレック
	小倉ゆき子のニードルワークプラン			■小柴昌俊がノーベル物理学賞、田中耕一がノーベル化学賞受賞
	クリスマスの思い出ツリーとリース			
	「Lovely now」Vol.237	アップリケ	オリムパス製絲	
	徒然なる冬の創	刺しゅう		
	ランチョンマット(紺・茶)			
	「MAGICeveil」POUPÉE Sencoton-tige	綿棒人形	Les editione de Saxe	

あの綿棒を使った綿棒人形たちです。
サックス社（仏）からはフランス製の
綿棒が送られてきました。プロセスの
写真からもわかるように、フランス製
の綿棒は、あかちゃんの耳などに深く
入り過ぎないように工夫が施されてい
るものもあります。

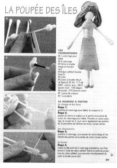

「おしゃれ工房」連載も秋へ
9月：月見る月の月さがし
10月：七色の秋

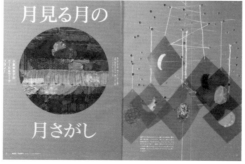

2003

[平成15年]

どれも私なりに

『リボンでつくる花のアクセサリー』
(NHK出版)、『和装を華やかにする
ビーズとリボンの刺繍』(世界文化社)、
『こんな時あんな時刺しゅうなんで
もQ&A』(日本ヴォーグ社)、趣の異なる
3冊の単行本が出版されました。どれ
も私の著作です。『刺しゅうなんでも
Q&A』は作品集ではありませんが、
私なりの手法を解説しています。
「おしゃれ工房」のニードルワークプ
ランは3月で終了。「刺繍通信」の連載
は、まだしばらく続きます。
この春は、台湾に講習に行く予定で
したが、SARS(サーズ)流行のため延
期に。『リボンでつくる花のアクセサ
リー』は、出版から数年にわたり何度
も版を重ねました。

月				
1月	「おしゃれ工房」1月号		コラージュ	NHK出版
	小倉ゆき子のニードルワークプラン		細工	
	おめでたい鯛ってどんな鯛?			
2月	「おしゃれ工房」2月号		コラージュ	NHK出版
	小倉ゆき子のニードルワークプラン			
	ハートがいっぱい			
	「Lovely now」Vol.239		リバース アップリケ	オリムパス製絲
	徒然な早春の創		糸の刺しゅう	
	あづま袋、大・小ポーチ			
3月	「刺繍通信」Vol.2春夏号		コラージュ	雄鶏社
	楽しい刺しゅう楽しむ刺しゅう			
	「cotton friend」コットンフレンド 3月号		リボンアーティストリー	ブティック社
	ラブリーリボンマジック			
	女の子のためのアクセサリーケース			
	「おしゃれ工房」3月号		綿棒人形	NHK出版
	小倉ゆき子のニードルワークプラン		パッチワーク	
4月	「Lovely now」Vol.241		パッチワーク	オリムパス製絲
	徒然なる芳春の創		糸の刺しゅう	
	手さげ袋、ピンク系グリーン系			
	「ミマン」4月号		リボン刺しゅう	文化出版局
	花刺繍のポーチ			

- ●『リボンでつくる花のアクセサリー』(NHK出版)
- ●小倉ゆき子「ハートパーティへようこそ」1月15日～2月14日/ギャルリイグレック
- ●『和装を華やかにするビーズとリボンの刺繍』(世界文化社)
- ●『こんなときあんなとき刺しゅうなんでもQ&A』(日本ヴォーグ社)
- ●NHKおしゃれ工房手芸フェスティバル、2月12日～17日/福岡大丸
- ●『リボンでつくる花のアクセサリー』出版記念展 3月26日～4月7日/ギャルリイグレック
- ●木馬新作展示講習会、3月6日東京、3月13日大阪
- ■宮崎駿監督「千と千尋の神隠し」アカデミー賞
- ●NHKおしゃれ工房手芸フェスティバル、4月22日～27日/札幌東急
- ●『和装を華やかにするビーズとリボンの刺繍』出版記念展、4月16日～5月5日/ギャルリイグレック
- ●小倉ゆき子フランス旅の思い出展、5月14日～26日/ギャルリイグレック
- ●小倉ゆき子レースワーク作品展、5月28日～6月23日/ギャルリイグレック
- ●小倉ゆき子線刺しゅう作品展、7月9日～28日/ギャルリイグレック

上：小倉ゆき子『リボンでつくる花の
アクセサリー』（NHK出版）
中：小倉ゆき子『和装を華やかにする
ビーズとリボンの刺繍』（世界文化社）
下：小倉ゆき子監修『こんなとき あん
なとき 刺しゅうなんでもQ&A』（日本
ヴォーグ社）

オーガンジーリボンでのオールドロー
ズは『リボンでつくる花のアクセサ
リー』の本から生まれました。

2003

[平成15年]

グループ2003

イギリスの62グループの作品に感動して以来、仕事以外の作品に取り組みたくなっていました。そこで「グループ2003」を発足。幾人かの仲間と毎年1回、テーマを決めて創作し、ギャルリ・イグレックに展示することにしました。ちなみにこの年のテーマは「秋」。ちょっと安易だったかもしれませんが、メンバー10名で11月に第1回を開催しました。

「キルトジャパン」11月号からは、巻頭ページ掲載作品の依頼があって快諾。巻頭企画はだいたい作り方の解説を必要としないので、私的には大歓迎です。ただし次のような要望がありました。①ホワイトクリスマス、②花のビーズ刺しゅうを入れること、③作品には言葉を添えること。何とかまとめましたが、さて、ポインセチアは花かしら!?

9月	「COTTON TIME」コットンタイム	あれこれ	主婦と生活社	● 小倉ゆき子「刺しゅういろいろ展」8月6日〜9月22日/ギャルリイグレック
	小倉ゆき子さんはこんな方	取材		
	手作り帯いろいろ 半衿いろいろ			
	ファニー・ヴィオレとのコレスポンダンス			
10月	「Lovely now」Vol.247		オリムパス製絲	● 小倉ゆき子「花のリボン刺しゅう作品展」10月8日〜11月3日/ギャルリイグレック
	徒然なる秋の創	アップリケ		
	ポシェット	糸の刺しゅう		
	ペットボトル入れ			
秋	「毛糸だま」	リボンモチーフ	日本ヴォーグ社	
	水に溶けるシートを使うフリーレースモチーフをセーターに刺しゅう	プロセス		
	「tiktik」ティクティク Vol.1		日本ヴォーグ社	
	リボンアクセサリー	リボンアーティストリー		
	オーガンジーリボンの花のマフラー			
秋冬	「刺繍通信」Vol.3		雄鶏社	
	楽しい刺しゅう楽しむ刺しゅう	ニットステッチャー		
	線でコラージュ	コラージュ		
11月	「キルトジャパン」11月号		日本ヴォーグ社	● グループ2003「テキスタイルアート展」第1回参加、11月5日〜17日/ギャルリイグレック
	季節のキルトストーリー	ビーズ刺しゅう		
	ホワイトクリスマスの思い出	コラージュ		
12月	「クロスステッチ」		日本ヴォーグ社	● NHKおしゃれ工房手芸フェスティバル、12月10日〜15日/名古屋松阪屋
	花の風景と小さなモチーフを集めて	クロスステッチ		
	ハートのミニ額 額の中の額			
	「おしゃれ工房」12月号		NHK出版	
	わたしのお針箱	糸の刺しゅう		
	40年間毎日、針を持ちつづけて			
	刺しゅうした布をクッキーの空き缶に			
	カルトナージュした大きな針箱			

「キルトジャパン」の依頼に応え、巻頭
掲載となった作品です。ビーズ刺しゅ
うを添えてポインセチアを表現し、ホ
ワイトクリスマスのイメージにまとめま
した。

「グループ2003」初の創作テーマは
秋。年に1度の展示会のために作った
ハートのオブジェです。段ボールをワ
クに、内側は布やレースのコラージュ
です。

2004

[平成16年]

温故知新の手法

新刊書『おしゃれなビーズポイント刺しゅう』(日本ヴォーグ社)には、目新しいようで懐かしい手法を収録しました。温故知新、ヨーロッパのアンティークのものを私なりに現代のビーズポイント刺しゅうの作品に反映させ、いくつもの新しい刺し方を思いつきながら作ったこと、またこの時、この手法に合う針をクローバーさんに作っていただいたことを印象深く憶えています(ビーズ提供:トーホー株式会社)。それにしても、試作品2点をご覧になっただけで、企画書を書き、出版を決めてくださった編集者の熱意に感服です。期待に応えなければと思いました。

この年もリボン関連の依頼はつづき、「おしゃれ工房」6月号では、表紙のデザイナーとの打合せから、白いパッチワークも加わることになりました。

月				
1月				●『おしゃれなビーズポイント刺しゅう』トーホービーズ(日本ヴォーグ社)
				●NHKおしゃれ工房手芸フェスティバル、1月30日〜2月4日/仙台
2月	「Handi crafts」ハンディクラフツ2月号Vol.28	リボン刺しゅう	日本手芸普及協会 日本ヴォーグ社	●小倉ゆき子「和を楽しむ作品展」1月7日〜26日/ギャルリイグレック
	夢見るマーメイド	コラージュ		●小倉ゆき子「ハート・ハート・ハート展」
	「Lovely now」Vol.251	パッチワーク	オリムパス製絲	1月28日〜2月16日/ギャルリイグレック
	ニットの襟もとにジャポニズム	糸の刺しゅう		●小倉ゆき子『ビーズポイント刺しゅう』出版記念
	カシュク(紫系クリーム系)			作品展、2月18日〜23日/ギャルリイグレック
	「おしゃれ工房」2月号	リボン刺しゅう	NHK出版	●2月5日、6日、NHK TV出演
	ハートオンパレード	TV		●木馬新作展示講習会
	リボン刺しゅうのミニクッション			3月3日/東京、10日/大阪
	「tiktik」ティクティク2月Vol.2	リボン刺しゅう	日本ヴォーグ社	
	リボン刺しゅうで飾った帽子			
	チューリップハット、ベレー帽			
4月	「刺繍通信」Vol.4春夏号		雄鶏社	●ホビーショークリエイターブース
	楽しい刺しゅう楽しむ刺しゅう			
	オーガンジーのコラージュ	オーガンジーワーク		
5月	「tiktik」ティクティク5月Vol.3	リボンアーティストリー	日本ヴォーグ社	
	リボンアクセサリー			
	シューズにつけるリボン飾り			
	『ビーズで作ろうかわいいマスコット500』	針と糸のビーズ織	雄鶏社	
	ミサンガ			
6月	「おしゃれ工房」6月号	パッチワーク	NHK出版	●小倉ゆき子「オーガンジーワーク作品展」
	表紙リボンのバラの額(2)	リボンアーティストリー		6月23日〜28日/ギャルリイグレック
	ホワイトパッチワーク			

小倉ゆき子『おしゃれなビーズポイント刺しゅう』（日本ヴォーグ社）
バッグやアクセサリー、アンティークな雰囲気を反映させたり、アルファベットを刺しゅうしたり。作りながら新しい手法を発見しました。

2004
[平成16年]

忙しい日々

「Lovely now」は、毎号がよき試みの場でした。オリムパス製絲によるパッチワーク用の和柄の布とリボンやビーズを組み合わせての制作は、私にとっての楽しいことでした。「刺繍通信」の連載も素材や手法のあれこれで文字どおり"楽しい刺しゅう楽しむ刺しゅう"です。

秋には、日本ヴォーグ社主催の「ビーズ展」が銀座松坂屋であり、私も参加しました。引き続き静岡の松坂屋でもビーズポイント刺しゅうの講習をしました。さらに、初めて横浜のキルトウィークにも参加。リボン刺しゅうの講習もして、ホビーショーにもいつもどおり参加。各地での作品展に飛び回り、「忙しい」などとは言いたくなくとも、とにかく忙しい頃でした。

6月	「Lovely now」Vol.255	パッチワーク	オリムパス製絲	
	柄ゆきのおもしろさを生かす	ビーズ・リボン		
	パッチワーク風バッグ(2)(紫系茶系)			
8月	「tiktik」ティクティク8月Vol.4	リボン刺しゅう	日本ヴォーグ社	■ アテネ五輪、柔道野村忠宏3連覇
	バッグにするリボン刺しゅう			● NHKおしゃれ工房手芸フェスティバル
	オーガンジーリボンで大きめ変りバッグ			9月24日〜10月4日/横浜
	「Lovely now」Vol.257	リボン刺しゅう	オリムパス製絲	
	眺めの良い窓辺の光に包まれて			
10月	「刺繍通信」Vol.5秋冬号	糸ビーズ毛糸	雄鶏社	● 小倉ゆき子「リボンワークの世界」
	楽しい刺しゅう楽しむ刺しゅう	リボン刺しゅう		9月29日〜10月5日
	落ち葉のコレクションいろいろ葉っぱ			同時にmico ogura
	「Lovely now」Vol.259	アップリケ	オリムパス製絲	『やさしいNeedle work』出版記念/横浜高島屋6階
	色づく木の葉のバッグ(茶系藍系)	コラージュ		ローズガーデン
	『素敵なコーディネートと着こなし』	パッチワーク	世界文化社	● ビーズ展講習、10月16日〜12日/松坂屋銀座
	きものに強くなる			■ 10月23日、新潟中越地震発生
	二部式帯にアップリケ			● グループ2003「テキスタイルアート展」第2回参加
				10月27日〜11月1日/ギャルリイグレック
				● ビーズ展講習、11月11日〜16日/松坂屋静岡
				● 横浜キルトウィーク講習11月12日・13日

右：パッチワークと刺しゅうでシックな和柄のバッグに。オリムパスさんからの提供素材を存分に楽しみ多くの作品に仕上げました。

2005

［平成17年］

自作の帯をしめて

毎日をきもので過ごす私は、作品展や講習会などの折には自作の帯をしめています。そこで「Lovely now」で、オリムパスさんの和布柄の布をパッチワークのようにつないで二部式の帯を作りました。一方「パッチワーク通信」では、古い和布の端切れをフリーレースのシートを使って作ったものをアップリケするという新手法を紹介。「レトロな和布バッグ」では、筥迫(はこせこ)の形態を取り入れてミニバッグを作りました。子どもの頃に着ていた銘仙にビーズ刺しゅうをプラスして、意外におしゃれに仕上がりました。「キルトジャパン」5月号から、キルターのための刺しゅう入門の連載が始まり、第1回はレッドワーク、赤い糸だけの刺しゅうですが、しっかりと美しく刺すには、それなりのコツがありました。

月	作品	技法	出版社	
1月				●小倉ゆき子「ハートコレクション展」1月26日〜31日/ギャルリイグレック
2月	「Lovely now」Vol.263	パッチワーク	オリムパス製絲	●『緞帯花的幸福物語』リボンでつくる花のアクセサリー(NHK出版)の台湾版(積木文化)
	モダンで粋な二部式帯(えんじ、茶)	リボン刺しゅう		
		糸の刺しゅう		
	「レトロな和布バッグ」	細工	パッチワーク通信社	●NHKおしゃれ工房手芸フェスティバル、2月17日〜21日/川越丸広
	筥迫	ビーズ刺しゅう		
	「パッチワーク通信」	フリーレース	パッチワーク通信社	●小倉ゆき子和布で楽しむいろいろ展、2月23日〜28日/ギャルリイグレック
	古布ひとひらを主役に	アップリケ		●木馬新作展示講習会、3月17日/東京、3月24日/大阪
	帯、半衿			
4月	「刺繍通信」春夏号	コラージュ	雄鶏社	■愛地球博開催
	楽しい刺しゅう楽しむ刺しゅう			■『刺しゅうの基礎』改訂版、ブティック社
	香リを纏うショッキング I love Dior.			
	「Lovely now」Vol.265	リボン刺しゅう	オリムパス製絲	
	陽気に誘われたい春です	糸の刺しゅう		
	リボンワークのポーチ(黒、ベージュ、グリーン)			
5月	「キルトジャパン」5月号	糸の刺しゅう	日本ヴォーグ社	
	キルターのための刺しゅう入門第1回	レッドワーク		
	レッドワーク			
	帽子・バッグ・靴のパターン(9)			
	「Lovely now」Vol.267		オリムパス製絲	
	ジューンブライド	リボンアーティストリー		
	ウェディングリングピローハート型角型	リボン刺しゅう		
6月				●小倉ゆき子「レースワーク作品展」6月22日〜27日/ギャルリイグレック

フリーレースのシートを使い、和布の端切れをパッチワークのようにして、アップリケした二部式の帯とレトロな和風のミニバッグ。

小倉ゆき子『緞帯花的幸福物語』（積木文化）は、『リボンでつくる花のアクセサリー』（NHK出版2003）の台湾版です。

2005

[平成17年]

多種多彩なリボン

レッドワークから始まった「キルトジャパン」の連載は、ヘリンボーン・ステッチなどを使う白い刺しゅう、花のリボン刺しゅう、花と葉のウール刺しゅう、そして次の年へとつづきます。

この秋には、リボン刺しゅうの講習のために台湾へ出かけました。台北と高雄の2会場で全3回（9月、11月、翌年2月）の講習会に大勢の方々が参加してくださいました。皆さんの熱心さが伝わり、次のリボン刺しゅうインストラクター養成講座の開催も決まりました。「おしゃれ工房」10月号では、リボンの世界を紹介することになり、木馬ショールームでの取材をかねてのテレビ出演となりました。リボンに関する依頼が特に多く感じられた年でした。

月	タイトル	種類	社	備考
7月	「キルトジャパン」7月号		日本ヴォーグ社	
	キルターのための刺しゅう入門第2回	糸の刺しゅう		
	白い刺しゅう	クローズド・ヘリンボーン		
	アルファベットから(9)			
8月	「Lovely now」Vol.269		オリムパス製絲	● 小倉ゆき子「ダイ・ステッチワーク作品展」8月24日〜29日／ギャルリイグレック
	リボンワークのコサージュ（ブルー、ローズ、ピンク、モーブ、グリーン）	リボンアーティストリー		
9月	「キルトジャパン」9月号		日本ヴォーグ社	● NHKおしゃれ工房手芸フェスティバル、9月7日〜12日／東京松屋
	キルターのための刺しゅう入門第3回			● 台湾講習リボン刺しゅう（全3回）、9月23日〜29日／台北、高雄
	花のリボン刺しゅう	リボン刺しゅう		
	バラとチューリップの柄(9)			● ホビーショー　クリエイターブース
10月	「刺繍通信」秋冬号 Vol.7	スパングル	雄鶏社	● NHKおしゃれ工房手芸フェスティバル、10月6日〜12日／札幌東急
	楽しい刺しゅう楽しむ刺しゅう	ビーズ刺しゅう		
	ハートのブローチいっぱい			● グループ2003「ドゥミルトワⅢテキスタイルアート展」10月26日〜31日／ギャルリイグレック
	「おしゃれ工房」10月号	リボンアーティストリー	NHK出版	
	可憐なリボンの世界＆リボンのアクセサリー		NHK TV	● NHK TV出演 10月11日、12日
	オーガンジーのコサージュ(5)			
	衿元を飾るアクセサリー			
	「Lovely now」Vol.271		オリムパス製絲	
	花リボン使いの愉しみ	レースワーク		
	花リボンポーチ（茶系、ブルー系）	リボン刺しゅう		
11月	「キルトジャパン」11月号		日本ヴォーグ社	● 台湾講習リボン刺しゅう（全3回）、11月25日〜31日／台北、高雄
	キルターのための刺しゅう入門第4回			
	花と葉のウール刺しゅう(9)	ウール刺しゅう		
12月	「Lovely now」Vol.273		オリムパス製絲	
	リボンワークのおしゃれ	リボン刺しゅう		
	花リボンポーチ（黒、緑）			

改訂版 小倉ゆき子監修『刺しゅうの基礎』(ブティック社)

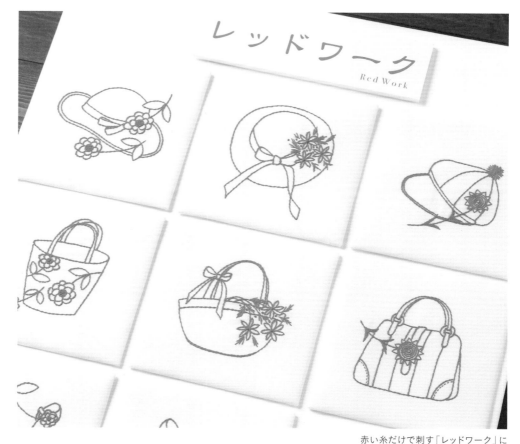

レッドワーク
Red Work

赤い糸だけで刺す「レッドワーク」に挑みました。シンプルだからでしょう、凝視する方が多く、ラインのきれいさに気づいていただけると、嬉しくなります。

世界で認められたMOKUBAのリボン。そのショールームでの取材を含め、たくさんの貴重なリボンも見せていただきました。

2006
［平成18年］

ベルギーでの華やぎ

春、雄鶏社主催の「刺繍の世界」（新高輪プリンスホテル）に参加しました。夏にはファニーさんが来日し、私たちの「てがみアート展」（銀座伊東屋ギャラリー）が開催され、大盛況でした。

私はいつもどおりの連載などをこなしながらも、11月にはベルギーのルクセンブルグへ向かいました。ここで開かれていたファニーさんのレースの作品展には、ベルギーのファビオラ女王もご見学にお出ましになり、より一層の華やぎに包まれました。

12月号の「おしゃれ工房」では、東京ディズニーシーを訪ねての作品を、というめずらしい企画が立てられ、私は、南欧風の街並みをモチーフにまずは刺しゅうのポシェットを作ってみました。

月	誌名・作品	技法	出版社	展覧会・イベント
1月	「キルトジャパン」1月号 キルターのための刺しゅう入門 松竹梅は日本の模様等9種	ビーズ刺しゅう	日本ヴォーグ社	●小倉ゆき子「ハート・ハート・ハート展」1月25日〜30日／ギャルリイグレック
	『pumpkin』パンプキン リボンで作るコサージュ(10)	リボンアーティストリー	潮出版社	
2月	「Lovely now」Vol.275 花言葉を思い浮かべて 花のリボンバック（携帯ケース付）	リボン刺しゅう	オリムパス製絲	●台湾講習リボン刺しゅう（全3回）、2月17日〜23日／台北、高雄
3月	「キルトジャパン」3月号 キルターのための刺しゅう入門 はぎれ合せ9種	パッチワーク 刺しゅういろいろ	日本ヴォーグ社	●木馬新作展示講習会 3月15日／東京、3月23日／大阪
4月				●刺繍の世界参加、4月27日〜29日／新高輪プリンス／主催：雄鶏社 ●ホビーショー クリエイターブース
5月				●小倉ゆき子「レースワーク作品展」5月24日〜29日／ギャルリイグレック
6月	「HandCrafts」6月号 キルターのための刺しゅう入門	取材	日本ヴォーグ社	●ビーズ刺しゅう講習 6月14日／静岡
7月				●PARIS〜TOKYO てがみアート展7月30日〜8月4日／銀座伊東屋
8月9月				●NHKおしゃれ工房手芸フェスティバル、8月17日〜21日／川越丸広、9月6日〜11日／東京松屋
10月	「刺繍通信」秋冬号Vol.9 アイビーをスケッチ	線刺しゅう	雄鶏社	●グループ2003「ドウミルトワ テキスタイルアート展」10月25日〜30日／ギャルリイグレック
11月				●11月15日〜21日、ファニーさんのレース展ベルギー見学ツアー
12月	「おしゃれ工房」12月号 東京ディズニーシーで簡単手作り	糸の刺しゅう アップリケ	NHK出版	

上：東京・銀座、伊東屋ギャラリーでの「てがみアート展」来日されたファニー・ヴィオレさんと。
下：ベルギーで開かれたファニーさんのレース展に行き、ファニーさんと展示作品と記念撮影。

NHK「おしゃれ工房」の企画により、南欧の街並みとアラビアンナイトをモチーフにしたポシェットを作りました。

2007
[平成19年]

私のてづくり

オリムパスのファミリークラブ会員誌「Lovely now」に、この年の刺しゅうカレンダーを連載しました。糸の刺しゅうにリボンやレース、ビーズなどを毎回いろいろと組み合わせての制作です。

パッチワーク通信社から出版された『刺しゅうの本』では、約100種のステッチをすべて私の手によりプロセス撮影をしてもらいました。そしてリボンならではのステッチも加えて、とても斬新な本になったと思います。イタリアやフランスの刺繍事典や服飾事典もかなり調べて準備した記憶がよみがえります。それでも出来てしまえば、もっとこうしておけばよかったなどと、反省しきりですが、この時に引き受けて出版できたことをよかったと思っています。

月	内容	技法	出版	できごと
1月				●NHKおしゃれ工房手芸フェスティバル、1月25日～31日／仙台藤崎 ●小倉ゆき子「ハート・ハート・ハート展」1月24日～29日／ギャルリイグレック
2月	「おしゃれ工房」2月号		NHK出版	●小倉ゆき子『BEAD EMBROIDERY』はじめてのビーズ刺しゅう(雄鶏社)英文訳JAPAN PUBLICATIONS TRADING CO. LTD ●小倉ゆき子『刺しゅうの本』糸の刺しゅうリボン刺しゅう、ステッチ多種全てプロセス(パッチワーク通信社)
	東京ディズニーシーで簡単手作り			
	マーメイドラグーン			
	トリトンズキングダムのコラージュカード(3)	コラージュ		
	「Lovely now」Vol.287	リボン刺しゅう	オリムパス製絲	
	刺しゅうカレンダーバレンタイン	糸の刺しゅう		
	ハートの贈り物額(2)			
3月				●2月28日～3月5日パリ「針の祭典」2008年参加予定のため下見 ●木馬新作展示講習会、3月4日／東京、3月28日／大阪 ●小倉ゆき子「ベルギールクセンブルク旅の思い出展」3月28日～4月2日／ギャルリイグレック
4月	「Lovely now」Vol.289	リボン刺しゅう	オリムパス製絲	
	刺しゅうカレンダーおしゃれなひととき	糸の刺しゅう		
	グラスとフワラーA・B	コラージュ		
春夏	『刺繍通信』春夏号Vol.10	ダイ・ステッチワーク	雄鶏社	●小倉ゆき子『染と刺しゅうでやさしく作るダイ・ステッチワーク』(雄鶏社)
	楽しい刺しゅう楽しむ刺しゅう			
	ぬり絵気分でモラ風パッチワーク			
5月				●「リボンで遊ぶ」小倉ゆき子とリボンアーティストリー会員展、5月22日～30日／京王プラザ
6月	「Lovely now」Vol.291	レースワーク	オリムパス製絲	●小倉ゆき子「レースワーク作品展」6月27日～7月2日／ギャルリイグレック
	刺しゅうカレンダー初夏の花かご			

「Lovely now」（隔月）企画の刺しゅう
カレンダーに取り組みました。6月はレ
ースワーク初夏の花かご。

上：『はじめてのビーズ刺しゅう』（雄
鶏社）の英語版
中：小倉ゆき子『刺しゅうの本』（パッ
チワーク通信社）
下：小倉ゆき子『染と刺しゅうでやさ
しく作るダイ・ステッチワーク』（雄鶏
社）

131

2007

[平成19年]

基礎ステッチ100

ダイ・ステッチワークを発表してからだいぶ経ちましたが、また『染めと刺しゅうでやさしく作るダイ・ステッチワーク』（雄鶏社）が出ました。感謝です。そして、だいたい私が刺しゅうの基礎の本に携わるなどと夢にも思っていなかったこと。なのに、『刺しゅうの基礎ステッチ100』（ブティック社）も本になりました。糸の刺しゅう、ビーズ刺しゅう、リボン、ブレード等の刺しゅうも加えて基礎ステッチを掲載しています。私らしくはないかもしれませんが、やりがいを感じていました。

この年、木馬さんからは新たにメタリックのレースやリボン類が発売されました。講習会では、たくさんの新作を展示し、新製品を用いての講習も行いました。

8月	「Lovely now」Vol.293		オリムパス製絲	●『刺しゅうの基礎ステッチ100』（ブティック社）糸の刺しゅう、ビーズ刺しゅう、リボン刺しゅう、ブレード刺しゅう等
	刺しゅうカレンダー水面に浮かぶ白い花　コラージュ			
	ミニ額(2)			
10月	「Lovely now」Vol.295	糸の刺しゅう	オリムパス製絲	●おしゃれ工房作家ファンタジー、花、はな、華展 9月26日〜10月1日／横浜高島屋
	刺しゅうカレンダー愉しいグラデーション	ビーズ		●グループ2003「ドウミルトワテキスタイルアート展」10月24日〜29日／ギャルリイグレック
	ミニ額(2)			
	「刺繍通信」秋冬号 Vol.11		雄鶏社	
	楽しい刺しゅう楽しむ刺しゅう			
	メタリック系の美しいレースが出来ました	レースワーク		●ホビーショー　クリエイターブース
	額(大、中、小)	リボン刺しゅう		
12月	「Lovely now」Vol.297	アップリケ	オリムパス製絲	●小倉ゆき子個展「香りコレクション」12月17日〜22日／千疋屋ギャラリー
	刺しゅうカレンダー天使の舞う聖夜	刺しゅう		
	ミニ額天使サンタクロース	コラージュ		

監修：小倉ゆき子『刺しゅうの基礎ステッチ100』（ブティック社）

右：新製品のメタリックのレースやリボンを用いると、いつものてづくりも一段と豪華に。新製品の紹介を兼ねた木馬の講習会、今年の講習作品にはいろいろ使いました。

2008

[平成20年]

てぬぐい浴衣

『てぬぐいで作る小さなゆかた』（パッチワーク通信社）の本は、2008年のパリでの「針の祭典」の準備中に生まれました。てぬぐい1本で小さなゆかたを縫ってみました。普通の浴衣の1/8の大きさです。くまのぬいぐるみに着せてみると可愛く、夢中になって作りました。てぬぐいならどこにでもあって、これが縫えれば普通の浴衣も縫えますと、私は思っています。本を作るにあたっては、てぬぐいの「かまわぬ」さんと糸の金亀さんにご協力いただきました。

パリの「針の祭典」は、ファニーさんの「博物館で見るような着物ではなく、ゆき子が着ている普通の着物や下着に興味があるの」という言葉から生まれた企画です。日本刺しゅうや刺し子の先生方と共に参加しました。てぬぐい浴衣を着たくまちゃんも当然連れて行きました。

1月	「和布くらふと」Vol.12		パッチワーク通信社	● 小倉ゆき子『てぬぐいで作る小さなゆかた』（パッチワーク通信社）
	小さな小さな袋もの巾着 (7)	手縫い		
	口紅入れ (2)	糸の刺しゅう		● 小倉ゆき子「ハート・ハートコレクション展」1月23日〜28日／ギャルリイグレック
2月	「Lovely now」Vol.299		オリムパス製絲	●『最基礎刺繍針法小學100』刺しゅうの基礎＆ステッチ100（ブティック社、瑞昇文化事業股份有限公司）
	刺しゅうカレンダー アーリースプリング	イメージワーク		
	ミニ額	コラージュ		
3月	「百歳万歳」		百歳万歳社	● パリ『針の祭典』3月6日〜9日、日本の刺しゅう作家の作品、小倉ファミリー100年間の着物、ファニーヴィオレ＆小倉ゆき子、コレスポンダンス展参加
	手づくりコサージュ	リボンアーティストリー		
4月	「Lovely now」Vol.301		オリムパス製絲	● 木馬新作展示講習会、3月26日／大阪、4月2日／東京
	イタリアリネンのバッグ (2)	リボン刺しゅう		
	「刺繍通信」春夏号 Vol.12	レースワーク	雄鶏社	
	楽しい刺しゅう楽しむ刺しゅう	リボン刺しゅう		
	ウェディングのアイテム			
	ウェルカムボード、リングピロー (2)			
5月	「和布くらふと」Vol.13		パッチワーク通信社	● NHKおしゃれ工房手芸フェスティバル、4月30日〜5月5日／柏高島屋
	フランス針の祭典	取材報告		
	着物今昔 小倉ゆき子の着物			
春	「家庭画報」きものサロン		世界文化社	
	単衣を快適に装うための工夫とアイディア	リボンモチーフ		
	胴まわりを涼しくつけ帯	線刺しゅう		

小倉ゆき子『てぬぐいで作る小さなゆかた』（パッチワーク通信社）

小さなゆかたは、1本のてぬぐいから作ります。モデルはクマのぬいぐるみ。本には、ゆかたの作り方はもちろん、着せ方、帯の結び方、たたみ方も掲載しています。

2008

［平成20年］

素敵な新手法

刺しゅうカレンダーを連載していた「Lovely now」は、この年からイタリアリネンを使うシリーズに代わりました。素敵な布の素材を活かして、レースやリボンと共に手さげやポシェットを作りました。「刺繍通信」秋冬号・フェアリーの棲む森のクリスマス、変りチュールに自由に刺しました。

新刊書の『優しいリボン刺しゅう』(日本ヴォーグ社)は2001年の『リボン刺しゅうの本』に続く本として表紙はやはり全面リボン刺しゅう、新しいステッチも加えました。珍しく「世界の編物」(日本ヴォーグ社)から、ビーズと刺しゅう糸のコラボレーション作品をと依頼がありました。私は以前からビーズは刺しゅう糸で刺していますが、新たにとんでもなく素敵な手法が生まれました。「ビーズ&クロス・ステッチ」です。フランスのサックス社がいち早く認めてくださいました。

6月	「Lovely now」Vol.303	レースワーク	オリムパス製絲	●NHK TV出演 おしゃれ工房赤毛のアン
	イタリア刺繍布でシックに	リボン刺しゅう		
	手さげバッグ(2)	糸の刺しゅう		
	『おしゃれ工房』6月号		NHK出版	
	赤毛のアンの夢見るハンドメイド	リボンアーティストリー	TV	
	花いっぱいの帽子飾り(3)			
8月	「Lovely now」Vol.305		オリムパス製絲	
	気品ある女性に小花のブーケ	レースワーク		
	ポシェット(2)			
10月	「Lovely now」Vol.307		オリムパス製絲	■リーマン・ショックの発生 ●グループ2003「ドウミルトワテキスタイルアート展」10月22日〜27日／ギャルリイグレック
	ポシェット(2)	リボン刺しゅう		
	「刺繍通信」秋冬号Vol.13		雄鶏社	
	楽しい刺しゅう楽しむ刺しゅう			
	フェアリーの棲む森のクリスマス	チュール刺しゅう		
	パネル大、小	(ステッチオン)		
秋	「cotton friend」コットンフレンドVol.28秋号	リボンのアクセサリー	ブティック社	
	私と着物			
12月	「Lovely now」Vol.309	リボン刺しゅう	オリムパス製絲	●『Broderie rodan Les points de base』『優しいリボン刺しゅう』(日本ヴォーグ社、Les editione de Saxeよりフランス語版)
	大切な日のためにクリスマス			
	ツリーのポシェット(2)			
冬	「世界の編物」秋冬特大号		日本ヴォーグ社	●ホビーショー クリエイターブース ●『小倉幸子の刺繍針法書』刺しゅうの本(パッチワーク通信社、楓書房文化出版社より台湾版)
	MIYUKIDMCコラボレーション	ビーズ&クロスステッチ		
	ミニ額(2)			
	「cotton friend」コットンフレンドVol.29冬号	パッチワーク	ブティック社	
	私と着物と帯の楽しみ	切り嵌め		
	パッチワークで作る帯	布オリムパス		

「ビーズ&クロス・ステッチ」の誕生で
す。ビーズポイント刺しゅうの折にクロ
ーバー（株）で作っていただいた針が
後に役立ちます。
「ビーズと刺しゅう糸のコラボレーショ
ンを」という依頼がきっかけで生まれ
た新手法です。

小倉ゆき子『優しいリボン刺しゅう』
（日本ヴォーグ社）日本語版/フラン
ス語版が同時発売

2009

[平成21年]

娘のリクエスト

『刺しゅう生活はじめます』DVD付（六耀社）は、私と娘おぐらみことの共著。図案などのイラストや作品はみこが、私はステッチなどのプロセスを受け持ちました。私の手がしっかりしているうちにぜひ動画撮影をと、特にバリオンステッチのバラについては、針と手の動きをしっかり知りたいと、娘からリクエストがありました。

この春、「刺繍通信」が春夏号で最後に。雄鶏社が倒産と聞き驚きましたが、2002年に婦人生活社の破産宣告の通知（未払い原稿料があることは承知しています）を管財人からいただいたことを思い出しました。世の中の移り変わりがあり、私の作品も変わります。最後の「刺繍通信」での"楽しい刺しゅう楽しむ刺しゅう"は、ハートの形のリボン刺しゅう。後に刺し足して"フラワーガーデン"となりました。

2月	「Lovely now」Vol.311	糸の刺しゅう	オリムパス製絲	●『小倉幸子の刺繍針法書』刺しゅうの本（パッチワーク通信社、楓書房文化出版社より台湾版）
	ビーズとリボンのポーチ(2)	リボン刺しゅう		
		ビーズ刺しゅう		●小倉ゆき子「ハート・ハート・ハート展」1月28日〜2月2日／ギャルリイグレック
冬	「cotton friend」冬号 Vol.29	パッチワーク	ブティック社	
	私と着物	切り嵌め		
	パッチワークで作る帯			
3月	「おしゃれ工房」3月号		NHK出版	■「おくりびと」がアカデミー外国語映画賞
	リボンで作る華やかコサージュ(3)	リボンアーティストリー		
春	「家庭画報」きものサロン		世界文化社	●小倉ゆき子＆おぐらみこ『刺しゅう生活はじめます』DVD付き／ステッチの基礎、表紙：小倉ゆき子、図案、作品：おぐらみこ（六耀社）
	半衿は安全ピン5本でつけます	半衿つけ		
春夏	「刺繍通信」Vol.14		雄鶏社	●木馬新作展示講習会、3月25日／東京、3月31日／名古屋、4月2日／大阪
	楽しい刺しゅう楽しむ刺しゅう	リボン刺しゅう		
4月	「パッチワーク通信」Vol.149	パッチワーク	パッチワーク通信社	●ハワイ手づくりフェア参加、3月13日〜18日
	季節を楽しむ私の小品	リボン刺しゅう		●『染めと刺しゅうでやさしく作るダイ・ステッチワーク』（雄鶏社）→（パッチワーク通信社）
	銘仙のミニバッグ(5)			
	「cotton friend」春号 Vol.30		ブティック社	●小倉ゆき子、おぐらみこ『刺しゅう生活はじめます』出版記念展、4月22日〜27日／ギャルリイグレック
	私と着物			
	リボン刺しゅうの帯と巾着	リボン刺しゅう		
	「Lovely now」Vol.313	パッチワーク	オリムパス製絲	●『美麗優雅の小倉緞帯繍』台湾版
	リボン刺しゅうのリズムが楽しい	リボン刺しゅう		
	おでかけバッグ(2)			

小倉ゆき子＆おぐらみこ『刺しゅう生活はじめます』（六耀社）
次女みこのリクエストで、バラのバリオンステッチの手法を紙面とDVDにしっかりと収録しています。

バリオンステッチのバラが彩る小物入れ。立体的で豪華なバラの雰囲気を伝えるステッチです。

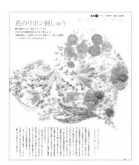

「刺繍通信」春夏号より、ハートの形のリボン刺しゅう。右は、刺し足して"フラワーガーデン"に仕上げたものです。

[平成21年]

雄鶏社とヒット作

雄鶏社には本当にお世話になりました。なくなってしまい残念でなりませんが、忘れられない思い出がたくさんあります。主な受注は刺しゅうでしたが、手法についてはあれもこれも。そんな中で何と言ってもプロミスリングです。あのようなヒットはめったに生まれません。

「おしゃれ工房」6月号では、めしませ着物シリーズで夏の半衿をいくつか提案しました。簡単な染めにビーズやリボンの刺しゅうを加え、安全ピンを使った私の簡単な半衿の付け方をテレビでも紹介しました。

また、この夏はめずらしく「京都手づくりフェア」に参加。京都に1週間もいて、会場とホテルの往復のみで残念ではありましたが、多くの方々にたくさんの種類のリボンやその使い方"リボンアーティストリー"を見ていただくことができました。

6月	「Lovely now」Vol.314		オリムパス製絲	● 「優しいリボン刺しゅう」（日本ヴォーグ社）→（楓書房文化出版社）
	サテンリボン葉桜の景色	リボンのアップリケ		
	ポシェット(2)	糸の刺しゅう		● てぬぐいでつくる小さなゆかた屋、5月20日〜25日／銀座松屋和の座
	「おしゃれ工房」6月号		NHK出版	
	めしませ着物 半衿のおしゃれ	染めとビーズ刺しゅう	TV	● NHK TV「おしゃれ工房」出演、6月20日
	半衿(3)プロセス			
7月	「ソーイングBOOK2」		ブティック社	
	手作り服のおしゃれガイド			
	私のソーインググッズ	糸の刺しゅう		
	カルトナージュ針刺しハサミ等	取材と写真		
夏	「cotton friend」春号Vol.31		ブティック社	● 京都手づくりフェア参加8月19日〜24日
	私と着物			● ホビーショー クリエイターブース
	ダイ・ステッチワークの着物	ダイ・ステッチワーク		● グループ2003「ドウミルトワテキスタイルアート展」10月21日〜26日／ギャルリイグレック
	ダイ・ステッチワークのワンピース			

右：「おしゃれ工房」のめしませ着物シリーズで提案した夏の半衿です。私考案の安全ピンによる簡単な半衿の付け方もTVで紹介しました。

2000-2009

まとめ

10歳若いと思い込んでいた
超多忙な21世紀幕開けの日々

私の一生の間で、もっとも忙しく動き
回った10年でした。本の掲載作品も
かなりたくさんでしたし、木馬の講習
会とNHKおしゃれ工房手芸フェス
ティバルでは、展示や講習用に作るだ
けではなく、東京だけに留まらずあち
こちへと講師として行きました。

くわえて、ギャルリ・イグレックを開店
させたことで次々と作品展を企画しま
した。本書の年表にこの10年間の出
来事を書き出してみて、自分のことな
がら驚きました。笑われそうですが、こ
の頃の自分はてっきり50代だと思っ
ていました。ところが、じつは60代で
あったのです。ちょっと考えてみても、
お休みらしいお休みをした覚えがあり
ません。休憩は移動中の新幹線や飛

行機の中くらいでした。

声をかけてくださったお仕事を、断っ
たことはまずありませんが、お断りし
たのは一度だけあります。忙しかった
からではありません。それは新しいも
のではなく、以前流行したものでどな
たかが作られたものだったからです。
意外に思われるかもしれませんが、特
別に刺しゅうが好きとかではありませ
ん。ビーズやリボンについても同様で
す。それぞれの素材で何かの形にし
てみよう、作ったことがないものを創ろ
う、私にしかできないものを、とも思い
ます。しかし、それではお仕事ではあ
りませんね。私はデザイナーなのだと
思うほうがしっくりきました。

ずっと私は糸、ビーズ、リボン等の
メーカーさんのご協力でいろいろな刺
しゅうに携わって来ました。刺しゅう

にはそれぞれの刺しゅうに合った布
が必要です。私はどんな布にも刺せる
状態にしデザインすれば刺せると思っ
ておりますが、一般的ではありませ
ん。作り方を掲載する本の作品では
当然布はとても重要です。その布さが
しは、以前渋谷にありました「ルリ」さ
ん、そして今も京橋にあります「越前
屋」さんです。私が手芸のお仕事をい
ただく前から、そしてその後もずっと
ずっとです。

2010-2020

東日本大震災の発生が、大きく心に
刻まれます。
ずっと走り続けて来たような私ですが、
少しゆったり和布を用いてあれこれと、
和の手仕事に心をよせます。
その一方で、すぐに別のものにも心が動く、
そんな自分がいます。

2010
[平成22年]

TV・出版・通販

NHKテレビ「おしゃれ工房」(テキストも)が「すてきにハンドメイド」に代わり、関連して番組タイトルの刺しゅうを依頼されました。番組制作監督の指示どおりに、デザイナーが描くタイトルの書体などを、とにかく急いで刺しました。また「おしゃれ工房手芸フェスティバル」もなくなりましたが、この夏、ひさびさにダイ・ステッチワークが取り上げられ、しかも「すてきにハンドメイド」(NHK出版)の表紙にもなったのです。さらにテレビにも出演となり、そこで制作したダイ・ステッチワークの手さげバッグは大好評でNHKの通販で売切れるほどに。とうとう布がなくなって、終了しました。新刊『リボン刺しゅう・ステッチと図案集』(六耀社)も出版されました。

年・月	作品掲載（ ）内は作品数	手法	出版社	出来事 ●私事 ■社会
2月				●「すてきにハンドメイド」(NHK出版)TVタイトルの刺しゅうを受注（番組タイトルが「おしゃれ工房」から「すてきにハンドメイド」に変更）
3月	『Mains & Merveilles Point de croix A Larencontrede YUKIKO OGURA L'ant de brader entante Liberte』(フランス) 小倉ゆき子作品あれこれ紹介	オーガンジーワーク レースワーク ダイ・ステッチワーク イメージワーク コラージュほか	Les editions de saxe	●木馬新作展示講習会、3月17日/東京、3月31日/大阪、4月2日/名古屋
6月				●小倉ゆき子個展「私のアラビアンナイトⅢ」、6月21日〜26日/千疋屋ギャラリー ●Ribbon Artistry作品展2010、インストラクター会員と共に6月29日〜7月3日/日本橋小津和紙博物館内小津ギャラリー
7月	『めしませ着物』 安全ピンを使う半衿のつけ方	半衿のつけ方 指導	NHK出版	●『初玩刺繍100招』刺しゅうの基礎＆ステッチ100（ブティック社／河南科学技術出版社）
8月	「すてきにハンドメイド」8月号 染めと刺しゅうでカットワーク風に 白い花のグラニーバッグ 表紙	ダイ・ステッチワーク	NHK出版	●NHK TV出演、7月28日「すてきにハンドメイド」ダイ・ステッチワーク ●『小倉ゆき子のリボン刺しゅう』ステッチと図案集（六耀社）
9月	「MakingQuilts」Vol.3 キルトを作ろう！ ダイ・ステッチワークミニ額／葵	ダイ・ステッチワーク	日本手芸普及協会 日本ヴォーグ社	●ホビーショー参加 ●台湾講習会10月16日〜21日、12月17日〜22日、2011年1月14日〜20日／台北・高雄 ●グループ2003「ドウミルトワテキスタイルアート展」、10月27日〜11月1日／ギャルリイグレック

上：『小倉ゆき子のリボン刺しゅう』
（六耀社）
中：ブティック社から出版されている
『刺しゅうの基礎&ステッチ100』の
中国語版。
下：『すてきにハンドメイド8月号』
（NHK出版）

染めと刺しゅうを組み合わせた新手法
ダイ・ステッチワークによる手さげバッ
グです。TVでも紹介され、大きな反
響をいただきました。

145

2011

[平成23年]

支援ハンカチーフ

3月11日、東日本大震災が発生。倒れた本棚の下敷きになった私のコンピュータが、数日後にようやく元に戻りました。フランスからも心配メールが届き、その後のやりとりから「ファニーとゆき子の東北支援ハンカチーフ」が生まれました。ファニーさんから、ハンカチの角を結んだイラストとメッセージをミシン刺しゅうしたハンカチーフが届き、私も言葉と思いを刺しました。ハンカチーフの制作はブルーミング中西株式会社です。日仏で多くの方々がご協力くださいました。

またこの年、フランスで2冊のビーズの本が出版されました。1冊は『ビーズ＆クロスステッチ』です。新しい手法をいち早く認めてくださったサックス社に感謝します。そして原稿図案を描くのに大活躍したのが、パイロットのフリクションペンでした。

月	作品・出版物	種類	出版社	出来事
3月				■3月11日東日本大震災が発生
				●Fanny&Yukiko 支援ハンカチーフ 震災後の5月、小倉ゆき子 一日百首
4月	「すてきにハンドメイド」4月号		NHK出版	●木馬新作展示講習会 3月から9月、10月に変更。9月28日/東京、10月6日/大阪、10月4日/名古屋
	作家さんのまかないレシピ：おかかれんこん	料理		●アニエスドウラージュ＝カルヴェ、アンヌソイエ＝フールネル著『Paris発、刺しゅうでプチデコスイートハート』（日本語版製作監修小倉ゆき子）
7月				■FIFA女子ワールドカップにて、なでしこジャパン優勝
8月	「パッチワーク通信」8月号		パッチワーク通信社	●『BRODERIE CREATIVE Labroderie de perles』ビーズ刺しゅう (LES EDITIONS DE SAXE)
	ゆかたに似合う手ぬぐい小物			
	ポシェット(2)、扇子入れ(2)	パッチワーク		
	小さなミニゆかた			
9月	『母譲りのきもの』		世界文化社	●『Fleurs perlees perles & point de eroix』ビーズ＆クロスステッチ (LES EDITIONS DE SAXE)
	きもの生活を楽しむための工夫			
	半衿つけ	半衿つけ		
11月	「すてきにハンドメイド」11月号		NHK出版	●グループ2003「ドウミルトワ テキスタイルアート展」10月26日～31日/ギャルリイグレック
	ちいさなリボン刺しゅうのバッグ	リボン刺しゅう		
	手さげバッグ(2) 巾着(1)			
	『Mains & Merveil les Point decroix』	レースワーク	Les editions desaxe	
	YUKIKO OGURA d'une artiste inspire's	ビーズ＆クロスステッチ		
		コラージュ		

フランスのサックス社から、ビーズ刺しゅうについての2冊
が出版されました。

「ファニーとゆき子の東北支援ハンカ
チーフ」ファニーさんと二人で協力し
て作り、その収益で被災地の支援に
あてました。

2012

[平成24年]

リボンで作る花

春に『リボンでつくる花』(六耀社)が出版されました。手法は『リボンでつくるアクセサリー』(NHK出版、1995)で発表していますが、その後いくつかのリボンで作る花を考案しました。小さなアクセサリーから大きな飾り物や舞台装置等まで、既成のリボンとは限らず、幅があって長いもので考えれば、この手法は無限に広がって創りだすことができるはず。そのもととなる手法をまとめた、作品集ではない本になりました。

この頃からパッチワーク通信社の依頼が多くなります。和布でつくる小物類は、私には身近で楽しい制作です。"乙女手帖"と名付けた新シリーズでは、乙女の頃に戻った気分で美しい和布に触れ、いろいろと作りましたが、私のお気に入りは筥迫です。「紅葉狩」と名づけました。

月				
2月	「パッチワーク通信」No.166		パッチワーク通信社	●『La broderie de perles』LES EDITIONS DE SAXE
	美しい日本の色			●『小倉幸子の鏤空繍』ダイ・ステッチワーク(雄鶏社→パッチワーク通信社)→楓書房文化出版局
	渋色和布の楽しみ方	パッチワーク		
	巾着(3) ペンケース(1)			●フランスパリ針の祭典、2月7日〜14日/サックス社ブースにてビーズの本紹介、サイン
				●Fanny & Yukiko 支援ハンカチーフ募金
4月	『ガーリーバッグコレクション』	パッチワーク	パッチワーク通信社	●『小倉ゆき子のリボンでつくる花』(六耀社)
	銘仙の花柄にリボン刺しゅう	リボン刺しゅう		●『刺繍基礎入門』(刺繍の基礎ブティック社)→非馬出版
	バッグ(大・中・小)			
5月	『ステッチidees』		日本ヴォーグ社	●小倉ゆき子「リボンアーティストリー展」5月16日〜12日/玉川髙島屋5階スクエア5
	2つの手法でバラの花を			
	リボン刺しゅうのラウンドボックス(2)	リボン刺しゅう		
	ビーズ&クロスステッチのフレーム	ビーズ&クロスステッチ		■東京スカイツリー開業
6月	『ちりめん細工の袋ものと小物』	手ぬい	パッチワーク通信社	●『手ぬぐいで作るお人形さんのゆかた』
	小さな巾着(4)口紅入れ(2)			『手ぬぐいで作る小さなゆかた』増補改訂(パッチワーク通信社)
	アクセサリー入れ(3)			
	『パッチワーク通信』No.168	パッチワーク	パッチワーク通信社	●『丝帯花语』Accessoireen Fleurs de Ruban(リボンでつくる花のアクセサリーNHK出版)→河南科学技術出版社
	小倉ゆき子の茶あしらい			
	大島紬パッチワークスカートほか			
10月	「パッチワーク通信」No.170		パッチワーク通信社	●グループ2003「ドゥミルトワテキスタイルアート展2012」第10回10月24日〜29日/ギャルリイグレック
	乙女手帖シリーズ	細工		
	筥迫 おまけの巾着			
12月	「パッチワーク通信」No.171		パッチワーク通信社	●『刺しゅうの本』増補新版(パッチワーク通信社)
	乙女手帖シリーズ			●木馬講習会、前年度が秋に変わったため休講
	花いっぱいポシェット	多角形の花		
	和布による花コサージュ			

上：フランスのサックス社出版のビーズ刺しゅうの本
中：『小倉ゆき子のリボンでつくる花』
（六耀社）
下：『リボンでつくる花のアクセサリー』
（中国語版）

上：手芸用のリボンは多種多彩。その種類を紹介しながら、花の作り方の手順がわかるように、サンプルを付けて一覧できるようにしました。コサージュは、もう、てづくりですね。
下：「パッチワーク通信」に「乙女手帖」と題して新シリーズがスタート。まずは紅葉狩りをテーマに取り組みました。そして和布のコサージュも。

2013

[平成25年]

フランスでの出版

「パッチワーク通信」の乙女手帖シリーズは、和布を使って毎回楽しみな企画でした。「すてきにハンドメイド」3月号では、フランスの雑誌に掲載された私の綿棒人形（フランスからの綿棒で）を見た編集者が、ここでも綿棒で作る小さな人形を取り上げてくださいました。もちろん、日本の綿棒で作りました。一方、以前からご縁のあるフランスの出版社からは、新たにリボン刺しゅうの基礎"MON CAHIER DE BRODERIE" A La decouverte de la broderie ruban LES BASES. が出版され、送られてきました。すでに『リボン刺しゅうの本』『優しいリボン刺しゅう』（日本ヴォーグ社）のフランス語版もあります。今回の本は、ステッチ等はすべて私の手描きで、それをコンピュータ処理しています。写真とはちがう分かりやすさ、良さがあります。

月	タイトル	技法	出版社	備考
1月	『キルターのお針箱』		パッチワーク通信社	●小倉ゆき子『くわしい写真解説・よくわかる刺しゅうの基本ステッチ集』文字拡大で分かりやすく改定（パッチワーク通信社）
	リボン刺しゅうのニードルケース	リボン刺しゅう		
	赤い和布のお裁縫箱	パッチワーク		●小倉ゆき子「ハート・ハート・ハート展」1月23日〜28日／ギャルリイグレック
2月	「パッチワーク通信」No.172	パッチワーク	パッチワーク通信社	『MON CAHIER DE BRODERIE』A La decouverte de la broderie ruban LES BASES「リボン刺しゅう基礎」フランス（LES EDITIONS DE SAXE）
	乙女手帖シリーズ			
	お守りの袋、ポシェット(2)			
3月	「すてきにハンドメイド」3月号		NHK出版	
	おしゃれな綿棒ガール8体いろいろ	綿棒人形		
4月	「パッチワーク通信」No.173		パッチワーク通信社	●木馬講習会4月3日／東京、9日／大阪、11日／名古屋
	乙女手帖シリーズ	切り嵌め		■アベノミクス始動
	ポチ袋の形のミニポシェット(2)	パッチワーク		
	おまけの袋			
春	『Stitch』刺繍誌01		雅書堂 中文版（日本ヴォーグ社）	
	リボン刺しゅうの飾り物	リボン刺しゅう		
	ビーズ＆クロスステッチ額	ビーズ＆クロスステッチ		
6月	「パッチワーク通信」No.174		パッチワーク通信社	●ホビーショー クリエイターブース
	乙女手帖シリーズ			●ハンドクラフトの世界、花とリボンに包まれて7月17日〜22日／日本橋三越本店7階催物会場
	ビーズ刺しゅうのカシュク(2)ほか	ビーズ刺しゅう		
8月	「パッチワーク通信」No.175		パッチワーク通信社	●グループ2003「ドウミルトワテキスタイルアート展」10月23日〜28日／ギャルリイグレック
	乙女手帖シリーズ	リボン刺しゅう		●台湾講習11月29日〜12月5日／台北、高雄
	扇子(手描き)と扇子入れ、同じ文様で(2)			
	おまけの袋			

上：「リボン刺しゅうの基礎」に関する
フランスで出版された私の本。
下：小倉ゆき子『刺しゅうの基本ステッチ集』（パッチワーク通信社）

フランスで出版されたリボン刺しゅう
の本では、ステッチの手法について
は、私が描いたイラストをもとにしてい
ます。プロセス写真とは違った分かり
やすさがあるように思います。

Point de petite rose

53. Point de petite rose

1. Sortir 20 cm de longueur de ruban sur l'endroit du tissu puis le tordre.
2. Plier environ 5 cm.
3. Piquer l'aiguille dans le ruban au début du point.
4. L'aiguille est sur l'envers du tissu. Tenir le ruban (*) avec le doigt.
5. En appuyant sur l'extrémité du ruban tordu, le tirer vers l'envers du tissu.
6. Ajuster la forme de la fleur. Fixer 2 ou 3 endroits avec du fil à broder.
* Il est possible de fixer la fleur avec 1 point de nœud. Cette technique est plus compliquée.

Le ruban va se détordre un peu.

54. Point de rose ancienne

1. Faire 1 point de nœud.
2. Piquer l'aiguille juste à côté du point de nœud.
3. Plier obliquement le ruban de l'étape 2.
4. Enfiler 1 brin de fil à broder n° 25. Sortir l'aiguille à côté du ruban et coudre le bord droit du ruban.
5. Sans enlever l'aiguille, tourner le tissu de 90° dans le sens des aiguilles d'une montre.
6. Plier le ruban vers le haut puis le plier en biais.
7. Retirer l'aiguille et coudre le bord droit du ruban.
8. Laisser l'aiguille et tourner le tissu dans le sens des aiguilles d'une montre. Plier le ruban en biais.
9. Répéter les étapes 4 à 7
10 et 11. Plier le ruban de plus en plus en biais vers l'extérieur pour former une rose.
12. Enfiler le ruban dans le chas de l'aiguille puis piquer dans le ruban. Arrêter le fil et le ruban sur l'envers du tissu.

36 Mon cahier de broderie

points de broderie 37

Point de rose ancienne

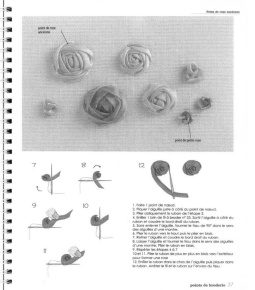

point de rose ancienne

point de petite rose

Point floral A de Yukiko

55. Point floral A de Yukiko

1. Épingler le ruban sur un gabarit carré en suivant le schéma.
2. Coudre le ruban au point avant.
3. Enlever les épingles et tirer le fil.
4. Tirer le fil et ajuster la forme de la fleur.
5. Faire 1 point de nœud au centre de la fleur pour la fixer.

Conseils
Il n'y a qu'avec la broderie ruban que le point de fleur exprime son bon côté. Comme ce point est décoratif, il ne s'agit pas simplement de broderie simple avec l'aiguille, mais y sont ajoutés des nœuds en ruban fixés sur le tissu après leur avoir donné des formes de fleur. Cette technique ne convient qu'aux ouvrages décoratifs, mais il est permis de prendre toute liberté en changeant dimensions et volumes selon la largeur des rubans ou la grandeur de la broderie souhaitée.

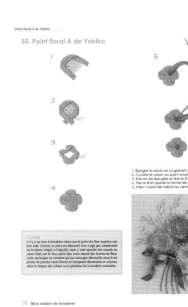

38 Mon cahier de broderie

Point sur point

point floral A de Yukiko

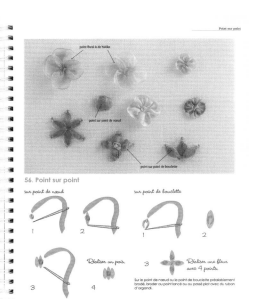

point sur point de nœud

point sur point de boudette

56. Point sur point

sur point de nœud

sur point de bouclette

Réaliser un pois.

Réaliser une fleur avec 4 points.

Sur le point de nœud ou le point de bouclette préalablement brodé, broder au point lancé ou au passé plat avec du ruban d'organdi.

points de broderie 39

151

2014
［平成26年］

イラスト刺しゅう

年初に出版された『リボン刺しゅうの基礎BOOK』（日本ヴォーグ社）は、すぐにフランスや台湾でも翻訳出版されました。リボン刺しゅうがかなり広く認知されたこともあり、16年も続いてきた木馬の特別講習会は、この年が最後。ずっとリボンに携わらせていただきました。今回の講習会場は東京と大阪で3月19日と26日でしたが、1998年から全国あちこちの会場を巡ってきたことが懐かしく思い出されます。「すてきにハンドメイド」5月号では、"今日から始めるイラスト刺しゅう"として、イラストは娘のおぐらみこ、そして孫が描いたイラスト（?）まで私が刺しゅうをして、使える袋物などを制作。テレビ出演もしました。

月	作品	カテゴリー	出版社	備考
2月				●台湾講習2月14日〜20日/台北、高雄 ●『小倉ゆき子のリボン刺しゅうの基礎BOOK』ステッチの刺し方と素敵な図案＆作品集（日本ヴォーグ社）
3月	『パッチワークのガーリーバッグ』		パッチワーク通信社	●木馬講習会最終回3月19日/東京、3月26日/大阪 ●TV出演NHK「すてきにハンドメイド」
	レトロ＆ロマンチック	パッチワーク		
	Petitenvelope(2)	切り嵌め		
5月	「すてきにハンドメイド」5月号		NHK出版	●『Les fleurs en Broderie Ruban』（リボン刺しゅうの基礎BOOK日本ヴォーグ社）→LES EDITIONS DE SAXE ●台湾講習5月2日〜8日/台北、高雄 ●小倉ゆき子「リボンアーティストリー作品展」5月20日〜25日/千疋屋ギャラリー ●『小倉緞帯繍の新手必備の基礎針法練習BOOK』（リボン刺しゅうの基礎BOOK日本ヴォーグ社）→雅書堂文化
	今日から始めるイラスト刺しゅう	糸の刺しゅう	TV	
	基本作品くまのイラストバッグ	イラスト：おぐらみこ		
	ワニの刺しゅうバッグ、トートバッグ			
	巾着袋 ミニ巾着(3)			
	「ステッチイデー」Vol.19	リボン刺しゅう	日本ヴォーグ社	
	小倉ゆき子のリボン刺しゅう			
	バラの巾着			
	花のフレーム(3)			
	プロセス			
6月	「パッチワーク通信」No.180	アップリケ	パッチワーク通信社	
	まあるくウェルカム私のおもてなし			
	夏座布団(5)			
	飾り扉風コースター			
夏	「Stitch」刺繍誌	リボン刺しゅう	日本ヴォーグ社	●小倉ゆき子ハンカチーフ大好き展（2011年3月11日から原画を描き、ハンカチーフに）、7月23日〜27日、8月27日〜9月1日/ギャルリイグレック ●台湾講習8月30日〜9月3日/台北、高雄
	小倉ゆき子のリボン刺しゅう			
	バラの巾着			
	花のフレーム(3)			
	プロセス			

次女が描いたイラストを私が刺しゅう
するという共作です。ときには孫も加
わって、楽しいてづくりの時間が流れ
ます。

『小倉ゆき子のリボン刺しゅうの基礎
BOOK』（日本ヴォーグ社）が
出版されると、引き続きフランス語版と
中国語版も出版されました。

2014
[平成26年]

中国・北京へ

台湾につづき、この秋からは中国・北京にも講習に出向きました。台湾と同様に、インストラクター向けの3回の講習です。

2005年からの台湾行きのきっかけは、パッチワーク通信社からのお話でした。台湾には、すでにその数年前から日本のパッチワークの先生方が講習に行かれていて、多くの教え子が育ち、皆さんとても熱心でした。リボン刺しゅうやビーズ刺しゅうもと、より多様性が求められていたため、インストラクター養成講座のカリキュラムをしっかり組み立てました。新しいリボン刺しゅうについても、よく理解いただきました。

「すてきにハンドメイド」9月号の巻頭の作品、コスモスは1日で刺しました。「パッチワーク通信」の乙女手帖シリーズは"乙女のお針箱"に代わってつづきます。

9月	「すてきにハンドメイド」9月号		NHK出版	●中国講習9月19日〜22日／北京
	巻頭・刺しゅうカレンダー9月	コラージュ		
	秋桜			
初秋	「手づくり手帖」初秋号		日本ヴォーグ社	●小倉ゆき子「Line Stitch Work線刺しゅう展」9月25日〜29日／ギャルリイグレック
	私の手間暇			
	忙しさの中のゆったり時間			
	気まぐれ通信	取材		
10月	「パッチワーク通信」No.182		パッチワーク通信社	●ホビーショークリエイターブース
	乙女のお針道具	パッチワーク		●グループ2003「ドウミルトワテキスタイルアート展」10月22日〜27日／ギャルリイグレック
	日本のお針箱	リボンワーク		
	針刺し大、中、小			●中国講習11月14日〜17日／北京
	「倫風」10月号	ビーズ刺しゅう	実践倫理宏正会	
	キラキラビーズ刺しゅう			
12月	「パッチワーク通信」No.183		パッチワーク通信社	■マララさん、ノーベル平和賞
	乙女のお針道具	ビーズ刺しゅう		
	糸切りはさみ入れ（大、中、小）	細工		
	ストラップ（和布いろいろ）			

台北や北京に出かけての講習が続いています。インストラクターの養成のための講習です。初級・中級・上級とさまざまな作品が生まれました。

秋が待ちどおしかったのでしょうか、
「すてきにハンドメイド」9月号のため
の涼し気なコスモスの姿です。

2015
［平成27年］

25番の刺しゅう糸

久しぶりに"糸の刺しゅう"の依頼が「すてきにハンドメイド」3月号からありました。1993年の『刺しゅう図案集——ワンポイント図案から大きい図案まで——』(日本ヴォーグ社)以来です。お仕事のきっかけは糸の刺しゅうでしたが、その後はビーズ刺しゅう、ダイ・ステッチワーク、リボン刺しゅう、レースワーク等と広がります。どれにも使う身近な素材が25番の刺しゅう糸です。初心に戻って小さな花々を刺しました。

「手づくり手帖」初夏号で"フランス発日本で花開いたリボン刺しゅう"として、私のリボンの仕事が紹介されました。

秋には突然、パッチワーク通信社が倒産、『ビーズ刺しゅう』の基礎をまとめた本が出版されたばかりでした。

月	内容	種別	出版社	備考
1月				●中国講習1月23日〜27日/北京 ●ホビーショー クリエイターブース ●小倉ゆき子「ハート・ハート・ハート展」1月28日〜2月2日/ギャルリイグレック
2月	「パッチワーク通信」No.184	細工	パッチワーク通信社	●『쉽게 배우는 리본 자수의 기초』Ribbon Stitees 韓国(リボン刺しゅうの基礎BOOK日本ヴォーグ社)→오구라 유키코 지음	강수현옮김
	乙女のお針道具			
	和布、ニードルブック			
	振袖モチーフ(3)			
	丸(2)(マチ針ホルダー)			
3月	「すてきにハンドメイド」3月号	糸の刺しゅう	NHK出版	●小倉ゆき子『写真を見ながら学ぶ ビーズ刺しゅう基本ステッチ』(パッチワーク通信社)
	小さな花の刺しゅう			
	花の額飾り(1)			
	花の刺しゅうハンカチ(3)			
4月	「パッチワーク通信」No.185	細工	パッチワーク通信社	●『手ぬぐいで作るくまさんのゆかた』(手ぬぐいで作る小さなゆかた増補改訂)(パッチワーク通信社)
	乙女のお針道具			
	糸巻き大(3)、小(11)			
	糸巻きを入れる巾着			
初夏	「手づくり手帖」初夏号 Vol.5		日本ヴォーグ社	●『丝带花语』(修訂本) Accessoire en Fleurs de Ruban(リボンでつくる花のアクセサリー NHK出版)→煤炭工業出版社 ●小倉ゆき子『こんなときあんなとき刺しゅうなんでもQ&A』縮小版(日本ヴォーグ社)
	フランス発、日本で花開いたリボン刺しゅう	リボン刺しゅう		
	リボン刺しゅうを育む			
	肖像画をリボン刺しゅうで写す			
	リボン刺しゅうと私 ほか			
7月	「レディブティック」7月号		ブティック社	
	永く愛用するこの道具	糸の刺しゅう		
	小倉ゆき子の愛用する手作り	クッキーの缶		
	ピンクッション			
	『Il etait un fit scenes florales Histoires de broderies et autres jolis point』(日本ヴォーグ社 ステッチイデー Vol.19)	リボン刺しゅう	LES EDITIONS DE SAXE	●台湾 講習10月29日〜11月5日/台北、台中 ●台湾 講習12月5日〜11日/台北、台中

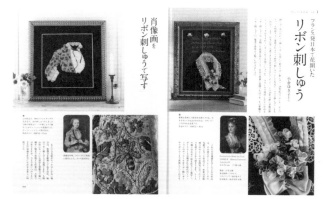

左：ファニーさんはじめフランスの方々との交流は私のてしごとの幅を広げ、より自由な発想へと向かわせてくれました。たしかに「フランス発」なのかもしれません。（「手づくり手帖」初夏号より）

下：どれも25番の刺しゅう糸で刺した小さな花々です。

上：『リボン刺しゅうの基礎BOOK』
韓国語版
中：小倉ゆき子『こんなときあんなとき刺しゅうなんでもQ&A』（日本ヴォーグ社）
下：小倉ゆき子『写真を見ながら学ぶ
ビーズ刺しゅうの基本ステッチ』（パッチワーク通信社）

2016
[平成28年]

ホビーショーを卒業

台湾での最後の講習には、たくさんの方が参加されました。台北と高雄の2会場、台中のときもありました。2日間、朝10時から4時頃までびっしりです。1、2か月後にまた各3回と、我ながらよくつづいたものです。「すてきにハンドメイド」3月号巻頭では季節のハンドメイド、リボン刺しゅうでスミレを刺しました。また、この年を最後に「ホビーショー」を卒業することにしました。1987年に初参加、88年にクリエーターブースができたことで個人会員となり、90年にはDMCのブースのお手伝いもあって掛け持ちに。94年から木馬のブースでのデモンストレーション、そしてワークショップも担ってきました。2006年にはホビー協会から感謝状をいただいたことを思い出しました。この年「キルト＆ステッチショー」（日本ヴォーグ社）が、新しく開催され、私も参加させていただきました。

1月			●台湾講習1月15日〜22日／台北、高雄
3月	「すてきにハンドメイド」3月号	NHK出版	●『자수무엇이든 Q&A』（刺しゅうなんでもQ&A、日本ヴォーグ社縮刷版）→韓国語版
	巻頭：季節のハンドメイド		
	花・色いろ すみれ	リボン刺しゅう	
8月			■5月、オバマ大統領、広島訪問
	1月、台湾の台北と高雄の2箇所での講習は大盛況。		●小倉ゆき子「ハンカチーフ大好き展」7月27日〜8月1日、24日〜29日／ギャルリイグレック
9月			●キルト＆ステッチショーリボン刺しゅう講習、9月15日〜17日／東京ビッグサイト
10月			●いわき山崎学園訪問・講演、10月28日 2011年3月11日の震災以降、2012年の入学式から、小倉ゆき子の原画によるハンカチーフを毎年贈る
11月	「ステッチイデー」11月号	日本ヴォーグ社	●ホビーショー クリエイターブース MOKUBA花物語発表 1987年ホビーショー初参加、1988年クリエーターブース以来、2016年まで（小倉ゆき子クリエーターブース最終）
	カット風の刺しゅうがカンタンに！	ダイ・ステッチワーク	
	ポシェット(2) サンプラー(2) プロセス		

小倉ゆき子
『刺しゅうなんでもQ&A』
（日本ヴォーグ社）韓国語版

季節の花、スミレを刺しました。小さな野の花といっしょに野の妖精たちも目を覚まします。

2017
[平成29年]

新しい縁と出版

「すてきにハンドメイド」2月号では、"おひなさま"を和布とリボンで作りました。

2015年に「パッチワーク通信」がなくなり、その後に同じ編集長により「キルト時間」（読売情報開発）が創刊しました。「キルト時間」から、この年の依頼は次のようなことでした。早春号は"匂い袋"香りを楽しむ小さな袋を和布で制作。春号はリボン刺しゅうで"針道具"を、冬号ではリボンモチーフのリースやツリーを作りました。ほぼ同じ頃、マガジンランド社とご縁ができ、パッチワーク通信社がなくなる寸前に出版されたビーズ刺しゅうの基礎の本は、このマガジンランド社に助けられ、表紙を新しくして出版されました。さらに同社から『ビーズ刺しゅう手法いろいろ』も出版され、TOHOビーズさんのギャラリーで作品展も開催されました。

早春	よみうり「キルト時間」早春号		読売情報開発	●小倉ゆき子＆おぐらみこ共著『刺しゅう生活はじめます』新装版(DVD無し)(六耀社) ■トランプ米政権発足
	たしなみの小品	細工		
	小さな匂い袋と巾着(2)			
2月	「すてきにハンドメイド」2月号		NHK出版	●小倉ゆき子『ハート＆フェアリー』(日本ヴォーグ社)
	和布とリボンで簡単おひなさま	細工		
	立ちびな			
春	「Stitch」刺繍誌	ダイ・ステッチワーク	日本ヴォーグ社 中文版雅書堂	
	カットワーク風刺しゅうでカンタンに(1)			
	ポシェット(2)			
	サンプラー(2)			
	プロセス			
	よみうり「キルト時間」春号		読売情報開発	
	リボン刺繍の針道具	リボン刺しゅう		
3月	「婦人公論」3月号		中央公論新社	●『小倉ゆき子のビーズ刺しゅうの基礎』ビーズ刺しゅうの基本ステッチ(パッチワーク通信社)→マガジンランド ●小倉ゆき子「リボンアーティストリー作品展」インストラクターと共に 4月18日～23日/千疋屋ギャラリー ●「ハート＆フェアリー展」9月23日～30日/ギャラリーパレット ●『小倉ゆき子のビーズ刺しゅう』手法いろいろ(マガジンランド)
	いつもの装いを華やかに			
	カーディガン リボン刺しゅう基本	リボン刺しゅう		
初冬	よみうり「キルト時間」初冬号	フリーレース使用	読売情報開発	●キルト＆ステッチショー展示作品参加 10月3日～5日/東京、10月25日～27日/新潟、12月14日～16日/大阪
	大人の楽しむクリスマス	リボンモチーフ		
	リボンモチーフツリーリース			
12月	てしごとを楽しむ	ビーズポイント	マガジンランド	●『小倉ゆき子のビーズ刺しゅう』出版記念作品展 12月13日～21日/TOHO Galleryt
	お守り袋	刺しゅう		
	梵字のモチーフ			

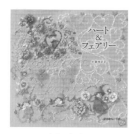

上：小倉ゆき子『ハート＆フェアリー』
（日本ヴォーグ社）
中：『小倉ゆき子のビーズ刺しゅうの
基礎』（マガジンランド）
下：『小倉ゆき子のビーズ刺しゅう』
（マガジンランド）

雛祭りのために、和布とリボンでおひ
なさまを作りました。同じく和布で作
った匂い袋です。こちらはこの年に創
刊した「キルト時間」からのリクエスト
です。

2018

[平成30年]

刺しゅうにも流行

「HandiCrafts」（日本手藝普及協会）からの依頼で、リボン刺しゅうによる野の花を刺しました。なぜか懐かしく感じました。

「すてきにハンドメイド」は、この年で100号に。記念の読者プレゼントに、私はリボンのコサージュを作りました。ダイ・ステッチワークは1987年に『ニュー刺繍』として主婦の友社から出版、たいへん好評でした。使用する染色用のペンは、当初協力して下さった原光化学の「クロスマーカー」から時を経て、マービーの「ファブリックツインマーカー」、呉竹の「ファブリカラーツイン」に変わりましたが、以来、ときどきやって来る波のように繰り返し注目度が高まる手法のひとつです。『染めと刺しゅうのダイ・ステッチワーク』（雄鶏社）は2007年に出版され、その後にパッチワーク通信社、台湾の出版社、マガジンランド社へ引き継がれていきます。

3月	「HandiCrafts」ハンディクラフツ Vol.105	リボン刺しゅう	日本手芸普及協会 日本ヴォーグ社	●『染と刺しゅうのダイ・ステッチワーク』（「染と刺しゅうでやさしく作るダイ・ステッチワーク」雄鶏社→パッチワーク通信社→台湾）→マガジンランド
	野の花のサンプラー			
4月	「刺しゅう日和」Vol.3		ブティック社	●小倉ゆき子「ダイ・ステッチワーク作品展」4月25日〜30日／ギャルリイグレック
	バラのリボン刺しゅう	リボン刺しゅう		
	華やかなブーケのフレーム(2)			
5月	「すてきにハンドメイド」5月号	リボンアーティストリー	NHK出版	●『刺しゅうステッチのバイブル』改訂増補（「刺しゅうの本」パッチワーク通信社）→マガジンランド
	リボンで作るバラのコサージュ			■6月、史上初の米朝首脳会談
	基本作品と応用作品(4)			
7月	「すてきにハンドメイド」7月号	リボンアーティストリー	NHK出版	■西日本豪雨
	100号記念 読者プレゼント			
	リボンのコサージュ			
秋冬	「手しごとを楽しむ」秋冬号	ビーズ刺しゅう	マガジンランド	●キルト＆ステッチショー 10月4日〜6日／東京、11月8日〜10日／大阪
	小倉ゆき子のウエアビーズ刺しゅう	リボン刺しゅう		
	Tシャツ、セーター、ストール	レースワーク		

左：小倉ゆき子『刺しゅうステッチのバイブル』（マガジンランド）
右：小倉ゆき子『染めと刺しゅうのダイ・ステッチワーク』実物大図案と作品（マガジンランド）

右：リボン刺しゅうによる「野の花」です。「野の花」は手芸デザイナーの私にとっての原点ともいえる永遠のモチーフです。

2019
［平成31年・令和元年］

ぞくぞくと出版

「すてきにハンドメイド」2月号では、綿棒でおひなさまを作りました。以前とは違って今回はリボンの上に刺しゅうを施し、和を表現しました。

『リボン刺しゅうの基礎Book』（日本ヴォーグ社）の増補改訂版が出版され、いくつかの新しいステッチやその使い方、新作なども加わりました。前年のマガジンランド社から出版された『刺しゅうステッチのバイブル』が韓国でも出版され、表紙はすっかりあちらのレイアウトに変わって新鮮です。

この年、『おしゃれなカットワーク風ダイ・ステッチワークのウエア』『令和を飾る花の塗り絵』『アンティークのニードルワークツールに魅せられて』『アンティークのレティキュールに魅せられて』と、たてつづけにマガジンランド社から出版され、自分のことながら驚きです。

2月	「すてきにハンドメイド」2月号	綿棒人形	NHK出版	
	春を彩る綿棒のおひなさま	刺しゅう		
夏	「手しごとを楽しむ」夏号	ダイ・ステッチワーク	マガジンランド	●『자수 스티치 바이블』「刺しゅうステッチのバイブル」（マガジンランド）→참돌（韓国）
	ダイ・ステッチワークのウエア	糸の刺しゅう		●小倉ゆき子「おしゃれなカットワーク風ダイ・ステッチワーク作品展」出版記念7月24日〜28日／ギャルリイグレック
	ニードルワークツール			
	令和の花のぬり絵	リボン刺しゅう		
10月	「キルトジャパン」10月号	リボンパッチワーク	日本ヴォーグ社	
	手さげ＋ミニバッグ			
11月	「レディブティック」11月号	ダイ・ステッチワーク	ブティック社	●小倉ゆき子コレクション『アンティークのニードルワークツールに魅せられて』（マガジンランド）
	染と刺しゅうで作る技法			●『おしゃれなカットワーク風ダイ・ステッチワークのウエア』（マガジンランド）
	ポシェット（2）			■ラグビーワールドカップ2019日本大会
	「magic patch」(Quilts Japan)	リボンパッチワーク	Les editions de saxe（日本ヴォーグ社）	●『小倉ゆき子のリボン刺しゅうの基礎BOOK』増補改訂版（日本ヴォーグ社）
	手さげ＋ミニバッグ	リボン刺しゅう		
12月	「手しごとを楽しむ」冬号		マガジンランド	●『令和を飾る花のぬり絵』刺しゅうの図案にもなる（マガジンランド）
	筥迫、レティキュールいろいろ	細工		●小倉ゆき子コレクション『アンティークのレティキュールに魅せられて』（マガジンランド）

小倉ゆき子コレクション（撮影：おぐらみこ）『アンティークのニードルワークツールに魅せられて』『アンティークのレティキュールに魅せられて』（2冊ともマガジンランド）

リボンでつくる花いっぱいのポシェットです（『アンティークのレティキュールに魅せられて』）。

あるとき、不思議な置物に出合いました。「井戸の針山」らしいのです。以来私は、アンティークのニードルワークツールを目にすると、そばに置いておきたくなりました。

上：小倉ゆき子『刺しゅうステッチのバイブル』の韓国語版が韓国で出版されました。
中：小倉ゆき子『おしゃれなカットワーク風 ダイ・ステッチワークのウエア』（マガジンランド）
下：小倉ゆき子『令和を飾る花のぬり絵』（マガジンランド）

右：『小倉ゆき子のリボン刺しゅうの基礎BOOK』増補改訂版（日本ヴォーグ社）

2020

[令和2年]

"あまびえ"刺しゅう

新型コロナウィルスの感染が世界に広がる中、『染めと刺しゅうで楽しむダイ・ステッチワーク』（ブティック社）が出版。新刊書が出れば必ず実施していた出版記念展も、「ぜひ見にいらして」とご案内もできない状況ですが、とりあえず展示はしました。いらして下さった方々には感謝しかありません。毎日のニュースで、コロナの世界的な広がり、緊急事態宣言の発出などが報じられます。世の中の動きは、いっけん変わらぬようでどんどん変わっていきます。

かつて日本には"あまびえ"なる妖怪がいたと伝え聞き、私も昔の資料をもとにリボン刺しゅうで一気に刺しました。「私の花生活」（日本ヴォーグ社）で、それぞれの手法で作られた「あまびえ」の中に、このリボン刺しゅうのあまびえも加えていただきました。

春			● 小倉ゆき子『染めと刺しゅうで楽しむダイ・ステッチワーク』ダイ・ステッチワークの基礎を写真で詳しく解説（ブティック社）
			● 小倉ゆき子「染めと刺しゅうで楽しむダイ・ステッチワーク出版記念作品展」3月26日〜30日／ギャルリイグレック
			■ 東京オリンピック、パラリンピック2020の開催が1年間の延期へ
秋	「私の花生活」	日本ヴォーグ社	■ WHO新型コロナウィルス感染拡大「パンデミック」を宣言
	ステイホームの過ごし方	リボン刺しゅう	● Gallery Palette Sayonara Exhibition Final Bonne Fermeture あ・り・が・と・う（11月17日〜23日、ギャラリーパレット）小倉ゆき子の作品展示販売
	あまびえ	糸の刺しゅう	● 小倉ゆき子 日本ヴォーグ社刺繍塾ワンデー・スペシャルセミナー「リボン刺繍を楽しむ ニードルワークアート」12月4日／日本ヴォーグ社内セミナールーム
			● キルト＆ステッチショーは2021年に延期

1986年末に主婦の友社から出版された『1年中の赤ちゃん子ども服』に掲載された作例の一つ「ロボットのポシェット」です。長女がことのほか気に入り、このロボットだけが、その後もずっとずっと、わが家で暮らしています。

江戸時代後期の木版画（京都大学所蔵）に描かれていたというアマビエの姿をリボン刺しゅうでひと針ひと針、疫病退散を祈りながら仕上げていきました。

小倉ゆき子『染めと刺しゅうで楽しむダイ・ステッチワーク』（ブティック社）

2010 – 2020

まとめ

厳しい状況に直面しても
「あらまあ」と受け止め、次を見る

この10年余の間は、まるで私の仕事の最終章のように、いろいろな行事が終了しました。

NHKの「おしゃれ工房」は「すてきにハンドメイド」に代わり、手芸フェスティバルも閉じられました。その少し前にオリムパス製絲の「らぶりーなう」も終わっています。2014年に木馬の講習会が終了し、台湾や中国での講習もなくなり、ホビーショーの個人会員も退会しました。

新刊書をどんどん出してくださったマガジンランド社が2021年に閉業と知ったときには、「あらまあ」としか言いようがありませんでした。しかし、考えてみれば「あらまあ」はこれまでに何度もありました。

改めて年譜にしてみて、世の中の変動とともに出版に関わる仕事をこんなに続けられたのは、私自身の工夫もあったのではないかと思わずにいられません。あれこれと手を替え品を替え、また何か新しい手法を開発したり、考案したりしてきました。

この10年は前の10年に比べ、ゆったりと過ごせたと思います。展示用にいろいろな作品を用意することもなくなりました。コロナ禍ともなって、私はやっと静かに自らの歩みを振り返ることができていると感じます。

2000年3月にオープンしたギャルリ・イグレックは、2021年2月に通販を残して閉めました。「ここで締めくくり」と、……そのはずでした。ところが、「すてきにハンドメイド」8月号の依頼が舞い込みました。それを嬉々として引き受けた自分がいることも事実です。

そして12月には「ステッチイデー」、22年3月号「すてきにハンドメイド」、さらに4月末には新刊『花のリボン刺しゅう（仮題）』を予定、だらだらと続きます。そして、「キルト時間」が「キルトダイアリー」に生れ変ると聞きました。……少しも「まとめ」にはなっておりません。

写真は2021年6月福島にて

あとがき

半世紀以上もの長きにわたり手芸の仕事をつづけることになろうとは、50年前には思ってもいませんでした。手芸家をめざしたわけでもなく、手芸の先生になりたいとも思っていませんでした。そして気づけば、もうとっくに50年余が過ぎ去っています。

始めは雑誌の仕事からでしたから、いつも新しいものが求められました。見本などなく、編集部の企画にそって制作しました。それはいつも興味深いことでした。私がほしいと思うものでも、作りたいものでもありません。しかし、そのとき、その時代が、必要としているものです。作ってみる価値はあるはずと、締め切りまでにしっかりと提出しました。

依頼いただいての作品というのは、発注の意味を汲み、考え、作り方を描き、とにかくひとりで完結できる。私にぴったりなのです。

1990年頃から実物を見ていただきたいと、個展や作品展にも力を傾けてきました。特にリボンの木馬さんには、新製品である刺しゅう用リボンの開発にも携わらせていただきました。作品集や講習会をとおして、新しいリボン刺しゅうなどを広めていくことが重要でした。ずっと元気に手を動かすことができたのも、私を使ってくださった出版社、編集者の皆さま、そして素材をふんだんに使わせてくださった㈱木馬をはじめ手芸材料の企業の皆さまのおかげです。感謝致します。本当にありがとうございました。お礼申し上げます。

——私の手、まだ動きますこと、お伝えしておきます。

2021年12月

小倉ゆき子

小倉ゆき子（おぐら・ゆきこ）

1939年、名古屋市生まれ。桑沢デザイン研究所を卒業。子供服メーカーを経て、1964年より手芸デザイナーとしての活動を始める。1男2女の母ならではのてづくりが、婦人雑誌などで人気を呼び、その後もダイ・ステッチワークやビーズ刺しゅう、リボンを素材とする刺しゅうなどにより、つぎつぎと手芸の世界に新たな表現を展開してきた。

初の著作『かわいいハートの刺繍』（主婦の友社/1980）、大ヒット作『すぐ作れるプロミスリング』（雄鶏社/1993）、フランスの友人ファニー・ヴィオレとの手芸でつづる日仏往復書簡集『てがみアート』（工作舎/2001）、『花のリボン刺しゅう』（日本ヴォーグ社/2022）ほか著書多数。

雑誌掲載や本の出版にくわえて、企画展の開催やTV出演、講習会での指導は国内のみならず、アジアの国々まで拡がった。新たな素材と出会い、独自の手法を生み出してきた60年におよぶ日々の活動を年ごとに本書にまとめた。好奇心の輝きは今も健在。

てづくりノート

発行日————————2022年9月30日
著者————————小倉ゆき子

撮影————————大野二美雄
編集————————田辺澄江
エディトリアルデザイン——佐藤ちひろ
協力————————古谷佳子、福井沙羅
印刷・製本————シナノ印刷株式会社
発行者————————岡田澄江
発行————————工作舎
　　　　　　　editorial corporation for human becoming
　　　　　　　〒169-0072
　　　　　　　東京都新宿区大久保2-4-12-12F
　　　　　　　phone: 03-5155-8940　fax: 03-5155-8941
　　　　　　　URL: https://www.kousakusha.co.jp
　　　　　　　E-mail: saturn@kousakusha.co.jp
　　　　　　　ISBN978-4-87502-547-4

しめかざり

●森 須磨子

宝珠、鶴、俵…しめかざりには多彩な形がある。全国を訪ね歩く著者が、飾りを外した、わらの「素(す)のかたち」の美しさを系統立てて紹介。作り手との交流を綴り、しめかざりに込められた土地の祈りと人々の願いを読み解く。写真多数。
●A5判上製 ●200頁 ●定価 本体2,500円＋税

熨斗袋

●川邊りえこ

筆で書くと、想いが届く。人間関係を大切にする心を表す熨斗袋。書道家の著者が、日本が培ってきた伝統の価値の再認識をめざして、熨斗袋の選び方から筆書きの作法、水引の結びの意味、熨斗袋にまつわる歴史や慣習などを紹介する。オールカラー。ビジュアル多数。
●A5判変型 ●76頁 ●定価 本体1,800円＋税

にんげんいっぱいうたいっぱい

●桃山晴衣
●杉浦康平＝造本

平安末期の歌謡集「梁塵秘抄」を現代に甦らせ、日本の音、日本のうたを求め創造した稀有な音楽家・桃山晴衣の遺稿集。永六輔、五木寛之が瞠目し、ピーター・ブルック、デレク・ベイリー、ピナ・バウシュといった世界のアーティストと交流を重ねた音楽遍歴の記録。
●四六判／フランス装 ●388頁 ●定価 本体4,500円＋税

ワンダーレシピ

●添田 浩

建築家・添田浩が、豪放な語り口で四季の「うまい!」をご紹介。春の「ローストビーフ・サンドイッチ」から、冬の「コッコバン」まで、自ら描く巧みな料理スケッチの醍醐味とエッセイの妙味、そして料理の旨味が三〈味〉一体となった47皿が登場。
●A5判 ●144頁 ●定価 本体2,200円＋税

茶室とインテリア

●内田 繁

日本人の身体感覚を活かす空間デザインとは？ 日本を代表するインテリア・デザイナーが、「茶室」や「縄文」、「数寄」や「見立て」などの伝統的なスタイルのうちに隠された、日本的デザインのエッセンスを通じ、暮らしの将来を描き出す。
●A5判変型上製 ●152頁 ●定価 本体1,800円＋税